入門的研修テキスト
第2巻

第1章　基本的な介護の方法

第2章　介護における安全確保

公益財団法人 介護労働安定センター

第2巻の学習にあたって

　私たちの国は、世界のどの国も経験したことのない超高齢社会に向かっており、介護を必要とする人の増加が見込まれ、それに伴い介護を担う人の育成・確保が急務となっています。

　この現状をふまえ、2018（平成30）年、国は新たに「介護に関する入門的研修」（以下「入門的研修」）を導入しました。この研修は、多くの人が介護を知る機会を持ち、介護未経験者が安心して介護分野で働くための研修で、本テキストは、この入門的研修の研修科目や内容に沿った構成となっています。

　テキスト第2巻では、研修内容の入門講座（12時間分）に該当する、基本的な介護の方法、介護における安全確保について学びます。このテキストの学習を通じて、人間を理解しようとする姿勢や介護の奥深さを知り、安心・安全につながるより良い介護の具体的な方法について理解が深まることを願っています。

目　次

第1章　基本的な介護の方法

1 人間の理解

1−1　自分を知り、他者を理解する（自己覚知と他者理解）

1−2　一人ひとりを認め合うことへの理解（尊厳と自立）

1−3　介護職として行う支援の考え方

2 介護職の役割や介護の専門性

2−1　家族介護と仕事としての介護の違い

2−2　介護の専門性

2−3　介護職の職業倫理

3 生活支援技術の基本

3−1　移動・移乗に関する基礎知識

3−2　移動・移乗のための用具と活用方法、支援方法

3−3　食事に関する基礎知識

3−4　食事環境の整備と用具の活用方法、支援方法

3−5　入浴と清潔保持に関する基礎知識

3−6　入浴環境の整備と用具の活用方法、支援方法

3−7　排泄に関する基礎知識

4　老化の理解

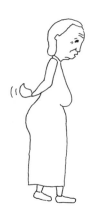

I　人間の理解

　基本的な介護の方法を学ぶ前に、介護で関わる「人間」への理解を深めておきましょう。「人間」を理解する、理解しようとする姿勢を持つことで、介護の奥深さや魅力、介護に携わることで得られる喜びなどを、より感じることができるでしょう。

I－I　自分を知り、他者を理解する（自己覚知と他者理解）

　私たちは、生まれた時から誰かに助けられながら育ちます。時には誰かと争い、時には誰かと心を重ね合わせたり、助け助けられながら歳を重ねていきます。自分と自分以外＝他者との関係が生涯続くのです。

　なぜ人は人と関わり合いながら生きていくのでしょう。なぜ、助けたり助けられたりといった関係が成立するのでしょう。

　ここからは「自分」と「他者」との関わりを通じて、「人間」を理解するとはどういうことなのかを学んでいきます。

（I）自己覚知

　自己覚知とは、自分の内面について深く知ることをいいます。自分の内面を知る、自分を理解することは、人間関係を築くうえでとても大切です。

　自己覚知を深めるために用いられる手法に『ジョハリの窓』があります（図表I－I）。

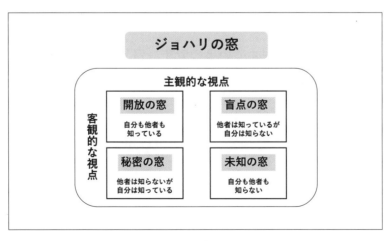

図表I－I　ジョハリの窓

この手法では、自分のことを、自分と他者の相互関係により4つの窓（領域）に分けます。

① 開放の窓（自分も他者も共通して理解している領域）

普段私たちはこの領域を通じて他者と関わっているといえます。

② 秘密の窓（自分だけが知っている領域）

他者が気づかないことや他者に知られたくないことが含まれます。

③ 盲点の窓（自分では気づかないが他者はわかっている、知っている領域）

自分では気づいていない癖を他者は気づいているという場合などがこれにあたります。

④ 未知の窓（自分も他者も知らない領域）

「私ってこんなことに興味が湧くんだ」「この人はこんなことに興味を持つんだ」と双方で発見するといったことが、この領域にあてはまります。

③盲点の窓や、④未知の窓　の領域が拡がることで、自己覚知が深まっていきます。

ただし私たちは、たとえ自分のことであっても完全に全てを知ることはできません。これは言い換えれば、自分の可能性はいくらでもあるということです。

（2）他者理解

前述したように、私たちの人生は、他者に助けを得るところから始まっています。生まれて誰かから食べ物を与えられ、周囲にいる人たちからさまざまな影響を受けながらその人たちとの関係の中で自分をつくりあげ、そのような自分を理解しようとします。他者の言動を見聞きし、他者と自分を比較することによって「自分らしさ」を見つけようとするのです。

また、自分自身で思っている「私」と他者が捉えている「私」が同じであるとは限りません。他者は他者の見方で「私」を捉えているのです。自分で思っている「私」と他者が思っている「私」を総合的に捉えながら、私たちは「自分」「私」を理解しようとしているといえます。

私たちは他者を理解しようとするとき、まずは視覚や聴覚など五感（感覚器）を通じて他者の情報を得ます。さらに、他者

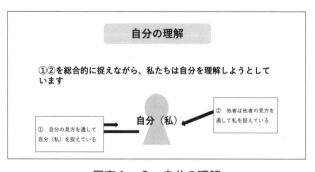

図表1-2　自分の理解

を理解するためには、他者の感情や思いも理解することが必要であると考えています。そのうえで、自分と他者を比較し、自分との共通点や違いを確認します。他者を理解することは「自分」というフィルターを通じて相手を理解することであり、他者を「自分なりに」理解したということであるといえるのです。

　私たちは、自分と他者を比較して捉えようとします。仮に、共通点が多く非常に自分と似ていると感じたとしても、他者は自分とは違う存在です。

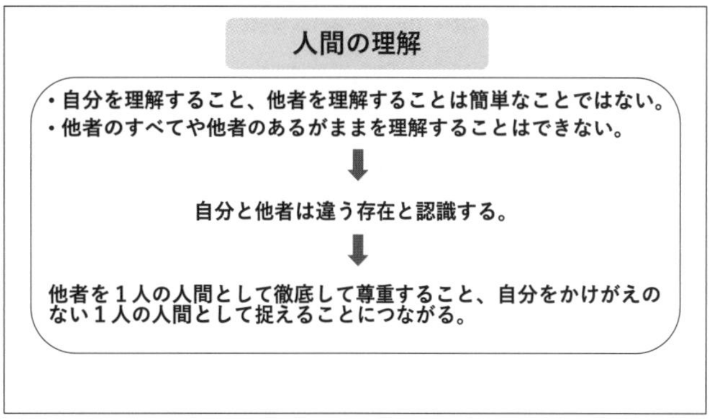

　自分と他者が違う存在であると認識することで、他者の他者らしさを認め、他者を一人の人間として徹底して尊重す

図表1-3　人間の理解

ること、尊厳を保持することで、さらに自分をかけがえのない一人の人間として捉えることができます。

　自分と他者の理解は決して簡単ではありません。複雑なコミュニケーションの蓄積が必要でしょう。しかし、「自分」と「他者」を理解するという視点が、「人間」の理解につながるのです。

1-2　一人ひとりを認め合うことへの理解（尊厳と自立）

　人が人によって侵害されることのない存在であることを尊重する考え方が「尊厳」です。さまざまな理由により介護を必要とする状態になったとしても、人は尊厳が保たれ「自立」した日常生活を送ることが守られるのです。

　これらの考え方は、2000（平成12）年に創設された介護保険制度の基本理念に掲げられています。対人援助を仕事とする介護職にとって、この基本理念は共通理解となる考え方です。

介護保険法　（目的）

第1条

　この法律は、加齢に伴って生ずる心身の変化に起因する疾病等により要介護状態となり、入浴、排せつ、食事等の介護、機能訓練並びに看護及び療養上の管理その他の医療を要する者等について、これらの者が尊厳を保持し、その有する能力に応じ自立した日常生活を営むことができるよう、必要な保健医療サービス及び福祉サービスに係る給付を行うため、国民の共同連帯の理念に基づき介護保険制度を設け、その行う保険給付等に関して必要な事項を定め、もって国民の保健医療の向上及び福祉の増進を図ることを目的とする。

　日常的に車いすを使い、一人で電車を利用して外出する暮らしをしている人がいます。その人は、好きな時間に外出し、電車に乗る際は駅員の助けを借りて乗降していました。ある日、駅が無人化されたため、電車に乗る場合は、事前に駅に予約して、数十分離れた隣駅から駅員に来てもらわなければならなくなり、好きな時に出かけるのが難しくなりました。

　多くの人にとってはさほど不便や不自由さを感じない「駅の無人化」が、少数の人にとっては、それまで続けてきた自分の当たり前の日常生活に支障をきたすことになるのです。特定の人だけの日常を大切にするのではなく、一人ひとりの当たり前の日常生活に目を向け、全ての人が困ることなく生活するために何ができるのか、何をすればよいのかを考える考え方が「尊厳の保持」につながります。

　また、自分の身の回りのことを全て自分で行うことを「自立」というわけではないことを理解することも大切です。ここで示す「自立」とは、自分で自分の生活を選択し、決定し、実行できるようにすることです。前述の人は、車いすを使用し、誰かの助けを借りて日常生活を送っています。この人は身体に障害があっても、何らかの支援があれば自分の行きたい場所へ行きたいときに出かけることができるのです。介護の基本的理念は、こうした何かの支援を受けても自分の生活をこうしたいという意志を尊重できるように支援することであり、この考え方が「自立支援」となるのです。

Ⅰ－3　介護職として行う支援の考え方

　ここでは、介護職として利用者の日常生活を支援する際、どのように「尊厳」を保持し「自立支援」すればよいのか、その基本的な考え方について学んでいきます。

　まず初めにその人がどのような生活をしてきたのか、どのようにすればそれまで培われてきた生活を継続することができるのか、といった視点を持つことを心がけましょう。大切なのは「人間を捉える」視点です。

　何らかの支援や介護を必要とする状態の人が生活に支障をきたす理由は、さまざまです。

　例えば、風邪をひくと、咳や鼻水など体に影響が出ます。物事への意欲が低下しやる気がおきず、精神に影響が出ます。学校や仕事を休めば、社会活動に影響が出ます。体調が悪く、日常で習慣としていた趣味や楽しみを控えたりできなくなると、文化的な面に影響が出ます。このように、体のどこかに不調をきたすと、他の要素に影響し合うことがわかります。「人間を捉える」視点とは、その人の病気や障害、精神や心理面のみに目を向ける視点ではなく、その人を形成する社会、文化（習慣）といった要素にも目を向けて、どこに課題を抱えどのように支援していけばよいのかを観察する視点です。

　食事や移動、排泄、入浴、着替え、容姿を整えるなどの日常生活を送るうえで必要な基本的な動作のことをADL（Activities of Daily Living：日常生活動作）といいます。これは、利用者の日常生活のどの動作に支援が必要かを観察する際に用いられる言葉となります。利用者一人ひとりに程度の差はありますが、何かしらADLの低下はみられます。

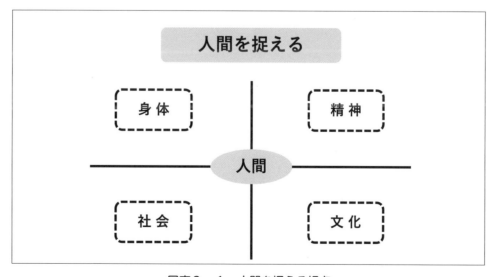

図表3－1　人間を捉える視点

もう一つ、その人がどの程度満足した生活を過ごしているのかを示す QOL（Quality of Life）があり、これは「生活の質」を意味します。QOL は、その人の生活の幸福感や生きがいといったこころの豊かさをあらわす言葉です。

　介護職として行う支援の考え方として、利用者の心身の状態を観察しその人の支援内容を考えていくためには、利用者の ADL の評価に加え、どのような支援があれば QOL を維持・向上することができるのか、その人を捉えて考えていくことが大切です。

2　介護職の役割や介護の専門性

介護を仕事として考えるとき、家族介護とは異なる専門性が要求されます。介護職には何が求められるか、介護を仕事とする際に常に意識すべき倫理観などを学びます。

2－1　家族介護と仕事としての介護の違い

　今まで一緒に暮らしてきた家族が介護を必要とする状態になった場合、その人がこれまでできていたことができなくなる場面に遭遇することになるでしょう。その状況に戸惑いや不安な気持ちを持ちながらも、どうにかして元の生活に戻れるように家族を励まし介護しようとすることは、ごく自然であるといえます。

　これまでできていたことができなくなる。これは、生活の困りごとが出てくることを意味します。これを例える言葉に「ニーズ（解決すべき課題）」と「デマンド（要求）」があります。

　例えば、食事を勧めても「食べたいときに食べるから今はいらない」と答える人に対し、家族であれば、本人の「デマンド（要求）」をできるだけ受け入れてしまうことは自然なことだといえます。しかし、本人の「食事は今はいらない」というデマンド（要求）を頻繁に容認した結果、からだが必要とする食事が摂れず低栄養となり、介護を必要とする状態を悪化させてしまうかもしれません。

　一方で、専門職として関わりを持つ介護職は、介護を必要とする状態を悪化させない、ま

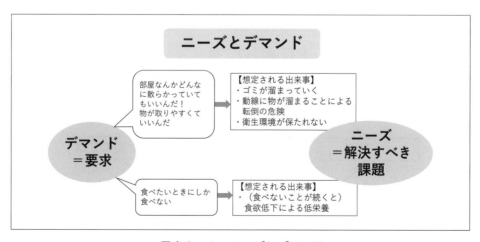

図表2－1　ニーズとデマンド

たは状態を維持することができるように、その人の「デマンド（要求）」を聞き入れながら「ニーズ（解決すべき課題）」を捉え、生活の困りごとの解決に向けての支援を行います。相手との信頼関係を築きながら、その人にとって解決すべき生活の課題は何なのかを汲み取る、即ちニーズを適切に捉える視点が、介護職には求められるのです。この視点を持つことで、かゆいところに手が届く、必要な部分に必要なだけの支援を実践することができるのです。

2-2　介護の専門性

　介護の仕事は、日常生活の中での排泄介助や食事介助、入浴介助などが主であると思いがちです。勿論、排泄介助や食事介助、入浴介助などは仕事の一つではありますが、それだけではありません。利用者の老いに伴う心身の衰えや障害によって生じる生活上の困りごとを解決し、利用者のできることを引き出すという視点で、本人が望む生活を実現するために生活を支援するのが「介護」です。

　このような介護を実践するためには、利用者を理解するという視点が求められます。利用者に関心を寄せて、利用者がどのように生活しているのか、今後どのように生活していきたいのか、その人について深く知ることから介護は始まります。ここから始めなければ、介護は排泄介助や食事介助、入浴介助だけを行う、単なる作業となってしまいます。

　利用者のことを理解し、生活上の困りごとを明らかにし、必要な支援内容を考えていく過程を「アセスメント」といいます（図表2-2）。介護職は「アセスメント」を行うことで利用者の思いに耳を傾け、できることや難しいことを把握し、日常生活の動作を分析したうえで課題を明らかにします。

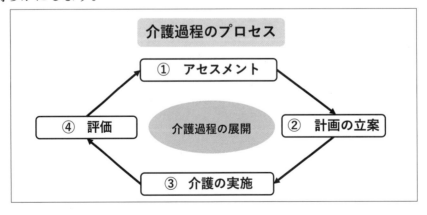

図表2-2　介護過程のプロセス

次に、課題を解決するために実現できる目標や計画を立てます。そして、利用者の同意の
もとで、実際に支援を行います。一定の支援期間を経て、目標が達成できたか、利用者の状
態に変化があったのか等の評価を行い、再びアセスメントすることで新たな課題を見つけて
いくということを繰り返します。目標が達成できていれば、介護職の支援が終了することも
あります。この一連のプロセスを「介護過程」といいます。このような道筋をしっかりつけて、
根拠に基づいた支援を行うことこそ、介護の専門性によるといえるでしょう。

2-3　介護職の職業倫理

介護職は、介護を必要とする利用者と日々接する対人援助を提供する職業です。利用者の
プライバシーに深く関わる職業でもあるため、高い倫理性が求められる職業でもあります。

介護福祉士の倫理については「社会福祉士及び介護福祉士法」で具体的に示されています。
これから介護の仕事を始める方も、ベテランの介護福祉士も、常に自らの職に向かう姿勢を
正し、心に留めておくべき大切なことがまとめられています。参考にしてください。

「社会福祉士及び介護福祉士法」

第四章　社会福祉士及び介護福祉士の義務等

（誠実義務）

第四十四条の二　社会福祉士及び介護福祉士は、その担当する者が個人の尊厳を保持し、自
立した日常生活を営むことができるよう、常にその者の立場に立って、誠実にその業務を行
わなければならない。

（信用失墜行為の禁止）

第四十五条　社会福祉士又は介護福祉士は、社会福祉士又は介護福祉士の信用を傷つけるよ
うな行為をしてはならない。

（秘密保持義務）

第四十六条　社会福祉士又は介護福祉士は、正当な理由がなく、その業務に関して知り得た
人の秘密を漏らしてはならない。社会福祉士又は介護福祉士でなくなった後においても、同

様とする。

（連携）

第四十七条　社会福祉士は、その業務を行うに当たっては、その担当する者に、福祉サービス及びこれに関連する保健医療サービスその他のサービス（次項において「福祉サービス等」という。）が総合的かつ適切に提供されるよう、地域に即した創意と工夫を行いつつ、福祉サービス関係者等との連携を保たなければならない。

2　介護福祉士は、その業務を行うに当たっては、その担当する者に、認知症（介護保険法（平成九年法律第百二十三号）第五条の二第一項に規定する認知症をいう。）であること等の心身の状況その他の状況に応じて、福祉サービス等が総合的かつ適切に提供されるよう、福祉サービス関係者等との連携を保たなければならない。

（資質向上の責務）

第四十七条の二　社会福祉士又は介護福祉士は、社会福祉及び介護を取り巻く環境の変化による業務の内容の変化に適応するため、相談援助又は介護等に関する知識及び技能の向上に努めなければならない。

（名称の使用制限）

第四十八条　社会福祉士でない者は、社会福祉士という名称を使用してはならない。

2　介護福祉士でない者は、介護福祉士という名称を使用してはならない。

〈ワンポイント知識　多職種連携について〉

　介護職は、ケアマネジャー（介護支援専門員）、医師や歯科医師、看護師、薬剤師、理学療法士、作業療法士、管理栄養士、調理師、相談援助を行う社会福祉士や精神保健福祉士などのさまざまな専門職と連携して利用者の生活を総合的に支援しています。これを多職種連携といいます。それは在宅においても施設においても同じです。

　　ケアマネジャーは、介護や支援が必要な人の相談に応じ、適切なサービスが受けられるように計画（介護サービス計画）を作成し、利用者、利用者の家族、利用者に関わるさまざまな専門職間の調整を行います。

3　生活支援技術の基本

いよいよ介護における支援の具体的な内容の学習に入ります。ここでは日々の暮らしの中で生まれる、介護の必要な場面での介護職としての支援の方法と、より良い支援を行う際のポイントを学びます。

3－1　移動・移乗に関する基礎知識

アメリカの心理学者マズロー（A.H.Maslow　1908-1970）は、人間の欲求は、生きることに関わる生理的欲求から段階的に満たされていき、5つの段階を踏んで最終的に自己実現の段階に達し生きがいを得ると考えました。この考え方を欲求階層説と呼んでいます。

欲求階層説の階層で最も低い段階にある生理的欲求には、食事や排泄、睡眠などが含まれます。人間は生理的欲求をもともと持っていて、生理的欲求が満たされなければ、安心・安全の欲求や人と関わりたいという欲求などが生まれてこないと考えることができます。食事や入浴、排泄など生活を送るうえで必要な介護技術を生活支援技術といいますが、生活支援技術は、この生理的欲求を満たすための支援が主であり、人がそれぞれの欲求を満たし、自己実現していくことに大きく影響するものなのです。

さて、私たちは、朝起きて夜眠るまでの間、着替えや食事、外出、入浴、排泄など数々の動作を行っています。その一つ一つの動作から動作へ移るとき、移動や移乗という動作が伴っています。

移動とは、ある場所から次の目的の場所へ移り動くことです。移乗とは、座っている状態（物の上に乗っている状態）から別の場所に乗り移ることです。私たちは意識せずに移動や移乗という動作を繰り返し行っていますが、移動・移乗動作ができることで、日常生活の範囲は広がっているのです。

もし病気や障害等を理由に移動や移乗が難しい状態になると、日常生活の範囲は制限されます。からだを動かす機会が減ることで筋力や心肺機能が低下して、廃用症候群（第3巻 廃用症候群（生活不活発病）についての理解　参照）となるリスクが高まり、ますます体を

思うように動かすことが難しくなります。身体を動かさず同じ姿勢が続くことで、身体の部位の血流が滞り、皮膚に赤みやただれができる状態となる褥瘡のリスクが高まります（p.31参照）。

食事や入浴、排泄など生活を送るうえで必要な介護技術を生活支援技術といいます。生活支援技術では、利用者の難しいとする動作を全て介助するわけではなく、自身が持っている力（現有能力）を引き出し、できない部分を介助します。

介護職は、利用者の状態を把握し、今の状態が続けばどのように日常生活に影響を及ぼすのかという見通しを立て、根拠を持って介護を行います。専門的な知識と技術をもって提供するのです。

また、実際の日常生活の動作を助ける介助においては、ボディメカニクスから学んだ身体の動かし方を基に、介護職自身の安全も守りながら、利用者と介護職双方にとって安心で安全な方法を見出していく視点が必要です。移動・移乗動作を単純に介助するのではなく、本人のできることを発見し、利用者のやってみようという意欲を引き出すことが自立を支援する重要な要素となります。

３－２　移動・移乗のための用具と活用方法、支援方法

移動・移乗の支援には、介護する「人」の行う支援と、杖や車いすなどの「福祉用具」や「道具」を使う支援があります。私たちは、その両方を使いながら利用者の日常生活動作を支援します。

利用者の移動を助ける福祉用具にはどのような種類があるのかを見てみましょう。

（１）杖

歩行時に、利用者の不自由な側の下肢（下半身）にかかる負担を軽減したり、体重移動のバランスを調整する目的で使用します。脳、

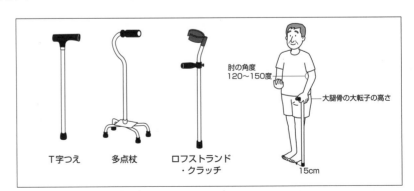

図表２－１　杖の種類と適切な杖の高さ
（出典:公益財団法人介護労働安定センター　介護職員初任者研修テキスト）

脊髄、筋肉などの障害によって、運動機能や知覚機能が低下したり失われたりする状態を麻痺といいます。例えば、脳梗塞などが原因で左右のどちらかに麻痺（以下「片麻痺」という。）がある人が杖を使用することで、自立して移動することが可能となります。

（２）歩行器

　杖に比べて、下肢（下半身）にかかる負担が大きい人などが使用します。車輪のあるタイプは転がしながら、車輪のないタイプは自身で持ち上げて移動します（図表２－３）。

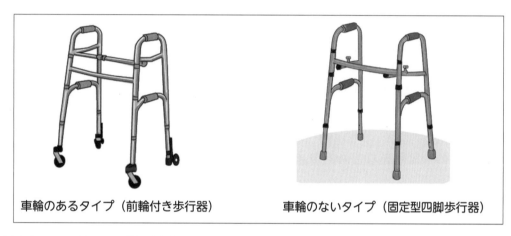

車輪のあるタイプ（前輪付き歩行器）　　　車輪のないタイプ（固定型四脚歩行器）

図表２－２　歩行器の種類（出典：公益財団法人テクノエイド協会「福祉用具シリーズ vol.12」）

（３）歩行車とシルバーカー

①歩行車：自立が困難な方の機能を補い、安全に歩行するための福祉用具です。歩行の安定性の確保や歩行時の姿勢を保つ目的があります。

②シルバーカー：自立歩行が可能な人の、買い物などの外出を楽にするための福祉用具です。荷物を楽に運んだり、外出中に座面に座って休憩をとることができます。

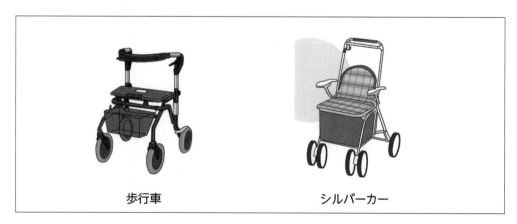

歩行車　　　　　　　　　　シルバーカー

図表２－３　歩行車とシルバーカー（出典：公益財団法人テクノエイド協会「福祉用具シリーズ vol.12」）

歩行車とシルバーカーでは、利用する目的が違うことを知っておきましょう。

また、歩行車は介護保険サービスを利用しレンタルできるのに対して、シルバーカーは一般購入となります。

（4）車いす

車いすは、下肢（下半身）の筋力低下や脳卒中による片麻痺等により、歩行することが困難な方が移動の際に使用する福祉用具です。自らが上肢（上半身）を使い操作する自走用と介護者が押して動かす介助用の2種類があります。その他にバッテリーが搭載されレバーを操作すれば少ない力で移動、外出することが可能となる電動車いすがあります。

ここで紹介した移動を支援する福祉用具は、ごく一部です。この他に、移動時に安楽な姿勢を保ち褥瘡（一般的には「床ずれ」と呼ばれています）を防ぐための福祉用具や、移動を円滑に行うための福祉用具などもあります。さまざまな福祉用具を知り、その人の必要とする支援に結び付けることのできる知識や提案できる視点を身につけることも、介護職として求められます。

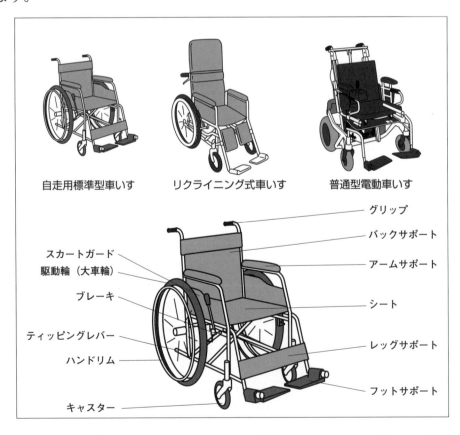

図表2−4 車いすの種類と構造（出典：公益財団法人介護労働安定センター 介護職員初任者研修テキスト）

（5）移動・移乗のための支援方法

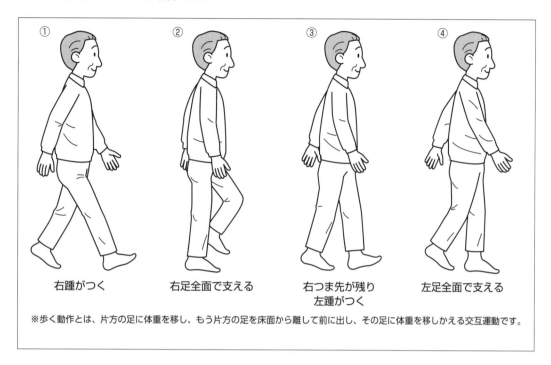

① 右踵がつく ② 右足全面で支える ③ 右つま先が残り左踵がつく ④ 左足全面で支える

※歩く動作とは、片方の足に体重を移し、もう片方の足を床面から離して前に出し、その足に体重を移しかえる交互運動です。

図表2−5　歩行のメカニズム（出典：公益財団法人介護労働安定センター　介護職員初任者研修テキスト）

①歩行介助

　歩行介助にはさまざまな場面や状況がありますが、どの場合も共通していえる介助の基本は、①利用者の歩こうとする意欲を引き出すこと、②利用者の動き、ペースに合わせて介助すること、③転倒に注意し、いつでも利用者を支えられる位置で介助することです。利用者の重心が支持基底面積内にあることを確認し、利用者の持っている力が充分発揮できるように見守りながら、必要なところを介助しましょう。場合により福祉用具も活用しましょう。

・T字杖の歩行介助（歩行介助）

　杖を使用した歩行介助には2つのパターンがあります（図表2−6）。3点歩行は歩行速度より安定性を重視した歩行、2点歩行は歩行速度を重視した歩行であるといわれています。

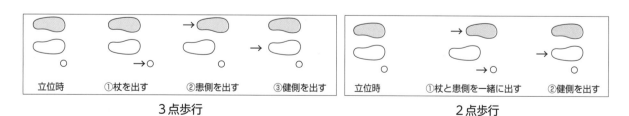

| 立位時 | ①杖を出す | ②患側を出す | ③健側を出す |
| 立位時 | ①杖と患側を一緒に出す | ②健側を出す |

3点歩行　　　　　　　　　　　　　　　　　2点歩行

図表2−6　3点歩行と2点歩行（出典：公益財団法人介護労働安定センター　介護職員初任者研修テキスト）

・杖歩行の際の介助者の位置

片麻痺の利用者の歩行介助の際、介助者は患側後方に立ち、患側の腕を支え、一方の手を腰に添え、からだを支えます。

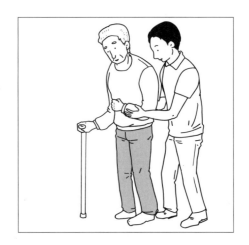

図表2－7　介助者の位置
（出典：公益財団法人介護労働安定センター
介護職員初任者研修テキスト）

②片麻痺の利用者の移乗介助

利用者が左半身に麻痺がある状態でベッドから車いすへ移乗する際、どのように介助すればよいのか、文字に起こしてみました。

①足裏を地面につけて座位姿勢を保つ➡②足を引いて上体を前かがみにする➡③足裏に重心を乗せて立ち上がる➡④体の向きを変える➡⑤お尻を後ろへ突き出すように前かがみになりながら、ゆっくりと座る➡⑥深く座りなおす➡⑦両足を車いすのフットサポートへ乗せる。

介護職は、利用者の一つ一つの動作に対して、どの動作が難しく、どのくらいの力でどのように支援すれば移乗動作が可能となるのかを観察しながら支援方法を決定していきます。その際、利用者の持っている力を最大限に引き出すことが大切です。例えば、麻痺がない側（健側）の手や足で車いすのアームサポートを握ることや、フットサポートへ足を乗せるといったことは、介護職の声かけにより、自分でできることです。

このように、本人のできる能力を生かしながら、適切な福祉用具を用いて根拠のある生活支援を行い移動や移乗ができることにより、利用者の生活範囲は格段に広がるということを憶えておきましょう。

３－３　食事に関する基礎知識

（１）食べることは生きること

「食べる」ことにはどのような意味があるのでしょうか。

人は体内に必要な栄養素を摂取するために食事をします。人間に必要な栄養素には、糖質、たんぱく質、脂質、ミネラル、ビタミンの5大栄養素があり、これらをバランスよく摂ることでからだを作ります。

　食事をするもう一つの意味は「楽しみ」です。自分の好きなものを食べると幸せな気持ちになり、家族や気の合う人との食事は精神的な安定をもたらします。季節や食習慣に応じた献立や、TPO（時間・場所・場合）に応じた食事環境を整え、誰かと一緒に楽しく食事することは、本人のこころの栄養にもつながり、食欲が増すなどの効果もみられます。

　病気や障害等の理由により口から食べることが難しい状態にある人は、胃ろう等の経管栄養という方法で栄養を摂取します。経管栄養により栄養は摂取できますが、口から食べることに比べると「楽しみ」という面でいえば実感することが難しくなるかもしれません。

　このように、食事をすることは、人が生命や健康を維持するために必要であり、その人の生活を豊かにする日常生活の行為であることが理解できます。「食べる」ことは「生きる」ことなのです。

（2）食事摂取のしくみ

　どのような段階を経て食事を摂るのか、見てみましょう。

　口の中から先は空気の通り道と食べ物が交差しているため、誤嚥しやすい構造になっています。食事の介護ではこの構造を理解することが大切です。

　食事摂取はいくつかの段階を経て行われます。まず食べ物を認識し、口の中に取り込んだ食べ物を噛み砕き、唾液と混ぜ合わせ飲み込みやすい形（食塊）にしてから舌を使い喉の奥に送り込みます。そこから反射運動により喉頭蓋が下がり、気管の入り口を塞いで食塊が食道、胃へと送り込まれます。

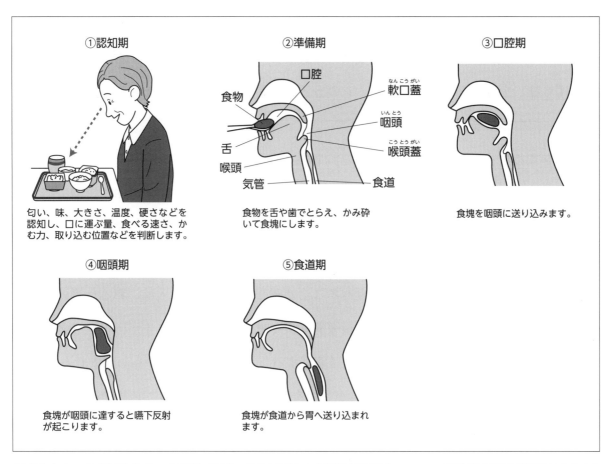

①認知期
匂い、味、大きさ、温度、硬さなどを認知し、口に運ぶ量、食べる速さ、かむ力、取り込む位置などを判断します。

②準備期
口腔
食物
軟口蓋（なんこうがい）
舌
咽頭（いんとう）
喉頭
喉頭蓋（こうとうがい）
気管
食道
食物を舌や歯でとらえ、かみ砕いて食塊にします。

③口腔期
食塊を咽頭に送り込みます。

④咽頭期
食塊が咽頭に達すると嚥下反射が起こります。

⑤食道期
食塊が食道から胃へ送り込まれます。

図表3－1　食事摂取の5つの段階（出典：公益財団法人介護労働安定センター　介護職員初任者研修テキスト）

（3）食事に関する基礎知識

　食事をする動作にはいくつか段階があることが理解できました。この段階のどこかに障害があり、食事をすることが難しくなった状態を摂食嚥下障害といいます。例えば、脳卒中の後遺症などにより嚥下（飲み込み）機能が低下した人は、食べ物や飲み物が食道から胃へ送られる運動が障害され、誤って気管に侵入してしまうことがあります。これを誤嚥といい、この状態が日常的に続くと、口の中の細菌が肺に入り込んで起こる誤嚥性肺炎となるリスクが高まります。ある新聞の調査結果によると、2021（令和3）年度に介護施設や事業所から報告された介護事故の死亡原因の内訳は、食事介助中に食べ物が気管に入る誤嚥が約6割で最多でした。この結果からも、食事の介護は、あらゆる介護技術の中でも最も危険を伴う介護であると理解できます。なぜなら、利用者の口へ食べ物を運ぶまでは介護者の手を介して行いますが、そこから先は、利用者自身の力に委ねられるからです。

　介護職は、利用者の誤嚥のリスクを念頭に置きながら、可能な限り口から食べることを続けられるよう、環境を整えながら利用者の食事の介助を行います。

食事に関連する用語

- **嚥下（えんげ）**　　　食べ物を口から胃へ送り込む一連の輸送運動
- **食塊（しょっかい）**　　飲み込む前の状態の食べ物の塊のこと
- **摂食（せっしょく）**　　食べ物を摂取する行動
- **咀嚼（そしゃく）**　　　食べ物をしっかり噛み砕き、唾液と混ぜ合わせ
　　　　　　　　　　　　　　飲み込みやすい食塊にすること
- **摂食嚥下障害**　　　　ものを食べることの障害、摂食機能障害
- **誤嚥（ごえん）**　　　　食べ物や飲み物などが、誤って気管に侵入すること

図表3－2　食事に関連する用語

（4）高齢者と水分

　高齢者への支援で見落とされがちなものは水分補給です。水分は成人で1日約2,000ml〜2,500ml必要であるといわれていますが、食べ物にも水分が含まれているため、飲水量としては約1,000ml〜1,500mlを摂取する必要があります。

　人の体内から水分が1〜3％失われると、疲労感やイライラ、頭がぼんやりして覚醒レベルが低下するなどの脱水症状が起こります。さらに体内の水分が減少すると血液循環が悪くなり、脳梗塞などの病気を引き起こしやすくなります。

　高齢者は喉の渇きを感じにくいとされるため、脱水を起こすリスクが高く、特に夏場など室内の環境に注意をしつつ、こまめに水分を摂るように促すことが大切な生活支援の一つとなります。

水分摂取量

水の出入り

排泄量（ml）		摂取量（ml）	
尿	1,500	飲水	1,500
皮膚・肺	700〜1,000	固形食	700〜1,000
便	200〜300	燃焼水	200〜300
計	2,400〜2,800	計	2,400〜2,800

一日に必要な水分：1,000ml〜1,500ml/日

図表3－3　水分摂取量

３－４　食事環境の整備と用具の活用方法、支援方法

　利用者の状況に応じた適切な食事環境をつくる支援を心がけましょう。

（１）口腔体操

　食事をする前に深呼吸や首や肩の運動、頬や舌の体操、発声練習をするといった口腔体操をすることは、食事の介護では大切な支援方法となります。口腔体操を行うことで、嚥下に関連する口腔まわりの筋肉がリラックスした状態となり、飲み込みやすい口腔環境が整います。また、唾液は食べ物を口の中でまとめやすくしてくれるため、唾液を出しやすくするマッサージを行うことも効果的です。

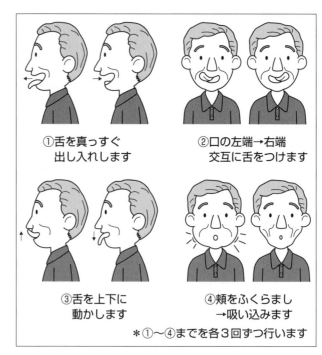

①舌を真っすぐ
出し入れします

②口の左端→右端
交互に舌をつけます

③舌を上下に
動かします

④頬をふくらまし
→吸い込みます

＊①～④までを各３回ずつ行います

図表４－１　舌体操
（出典：公益財団法人介護労働安定センター
介護職員初任者研修テキスト）

（２）適切な食事環境

　食事は寝る場所などから離れて摂るとよいでしょう。寝る場所と食事をする場所を変えることは、利用者にとって気分転換となり、集中して食事を楽しみやすくなります。清潔で明るい場所の確保、家具やテーブルクロスなどによる雰囲気づくり、静かな環境なども意識して食事環境を整えるとよいでしょう。

　また、利用者の出身地にちなんだ郷土料理や季節に合わせた食事の献立などの工夫も大切です。食事の味やにおい、彩りなど五感を刺激するような準備とともに「今日のごはん、おいしそうですね。」といった食欲が増すような声掛けを行うことも、介護職の大切な支援となります。

（３）食事姿勢

　食事は座って（座位）で食べることが基本です。適切な食事姿勢が保たれない状態で食事をすると、誤嚥を引き起こす危険性が高まります。また、摂食嚥下障害のある人は、食べ物

により気道が塞がれてしまい、呼吸できない状態となる窒息の危険性も高まります。このような危険を回避するためには、正しい姿勢を保つことが重要です。椅子に深く腰掛け、体とテーブルの間隔をこぶし1つ程度に空け、足底（足の裏）を床につけることで、下半身が安定し、食事動作が行いやすくなります。他にも、肘を動かしやすい位置にテーブルの高さを調節する、顎を引いて前傾姿勢をとるなど、適切な食事姿勢を意識しましょう。

　口をしっかり動かすことができれば、安全に食事することができると思われがちですが、食事する際は全身を使っているのです。適切な食事の姿勢がとれているか、介護職は日常的に注意を払う必要があります。

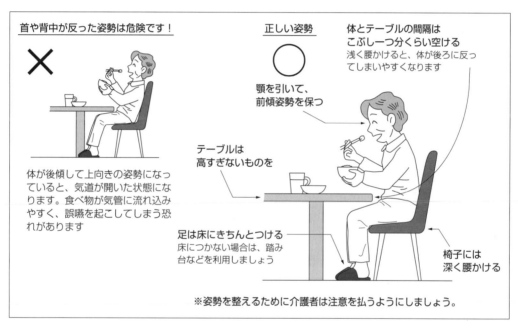

図表4－2　椅子とテーブルの位置関係
（出典：公益財団法人介護労働安定センター　介護職員初任者研修テキスト）

（4）心身の状況に応じた食形態

　嚥下機能が低下した人には、食べやすいように食べ物の形や硬さを変え、利用者が飲み込みやすくする支援が必要となる場合があります。医療職やリハビリ専門職、管理栄養士などと連携し、その人の心身の状況に合った食事形態で食事を提供することで、誤嚥のリスクを下げます。

液体	味噌汁、お茶、柑橘系のジュースなど
水分が少ないもの	パン、カステラ、ビスケットなど
咽頭に付着しやすいもの	のり、わかめなど
粘りが強くかみきれないもの	餅、だんごなど
硬くてかみきれないもの	タコ、ごぼうなど
口腔内でまとまりにくいもの	魚、こんにゃく、かまぼこなど

図表4－3　誤嚥しやすい食品（出典：公益財団法人介護労働安定センター　介護職員初任者研修テキスト）

（5）自助具の活用

　食事は、自分のペースで自分に合う量の食べ物を口に運び、味わいながらしたいものです。介護職はできる限り本人ができることは本人が行えるような支援をします。

　自分で行うことが難しい動作を一人でできるように助ける道具を「自助具」といいます。

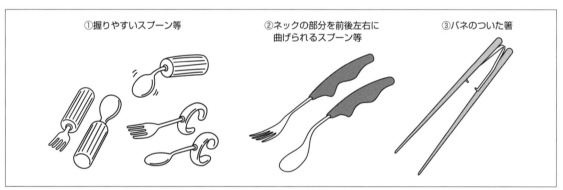

図表4－4　使いやすく工夫されたスプーン等
（出典：公益財団法人介護労働安定センター　介護職員初任者研修テキスト）

図表4－5　使いやすく工夫された食器等
（出典：公益財団法人介護労働安定センター　介護職員初任者研修テキスト）

24

一人で食事することが難しい人が、自助具を使うことで、一人で食事をすることが可能となれば、本人の食べる楽しみや自信につながるでしょう。介護職は、どこを支援すれば自身でできるようになるのかという自立の視点に基づき、その人に合った自助具を選定したり提案を行います。

（6）利用者の状態に応じた食事の介助

　食事の介助においては、その人の心身の状態を観察し、それに見合った適切な介助を行うことで、安全に食事ができるように配慮すること、その人の好みや習慣等に配慮しながら、楽しく食事ができるように配慮することが大切です。

　例えば、脳梗塞により左半身に麻痺がある人の食事介助では、自助具や食器などを工夫することで、自身でできる動作を引き出す支援を心がけます。ただし、健側（麻痺の無い側）での動作が十分ではなく一人で食事をすることが難しい人や、腕や手の動きに制限がある人などの場合は、介護職が食事介助を行います。その際、介護職は利用者の右側（健側の方）に座り介助します。麻痺がある側（患側）は食べ物を口に含んだ感覚を感じにくく、食べ物が口中に残りやすいため、誤嚥の危険性を高めます。介護者が右側（健側）に座ることで、口の中に残った食べ物を観察することができます。

　介護職は、利用者の咀嚼や嚥下状態を観察し、その人のペースで食事できるように支援を行います。誤嚥を予防することに加え、低栄養や脱水予防のために日々の食事摂取量や水分摂取量から健康状態を把握することが求められます。また、配膳の位置や献立の説明、食事中の見守り、食事を進める順番や適切なタイミングでの声かけ、口腔内の食べ残しの確認など、支援内容はさまざまです。大切なことは、「食べる」幸せを感じながら安全に楽しい食事ができるよう支援することです。

図表4－6
左半身麻痺がある場合の介護者の座る位置
（出典：公益財団法人介護労働安定センター
　　　　介護職員初任者研修テキスト）

３－５　入浴と清潔保持に関する基礎知識

（１）入浴に関する基礎知識

　入浴は、身体を清潔に保ち健康な生活を送るための重要な日常生活の行為です。入浴により血行が促進され、新陳代謝によい作用が働きます。また、爽快感や疲労回復効果、リラックス効果なども得られます。

　一方で、注意すべき点の一つにヒートショックがあります。ヒートショックとは、冬の寒い時期に温かい部屋から寒い浴室やトイレへ移動した際、室温の変化により血圧の急激な上昇・低下や脈拍が早くなる状態を招くことで、人によっては心筋梗塞や脳梗塞を引き起こす原因となります。そのため、部屋と浴室やトイレの室温差を縮めるような工夫をすることが大切です。その他、床が濡れた状態で転倒し骨折するリスクなど、入浴介助には安全への十分な配慮が必要です。

図表５－１　ヒートショックのイメージ
（出典：公益財団法人介護労働安定センター　介護職員初任者研修テキスト）

（２）清潔の保持

　利用者の健康状態により、入浴することが難しい場合は、温かいタオルを利用し身体を拭く清拭や、バケツを用いた手浴や足浴を行うことで、清潔を保ちます。

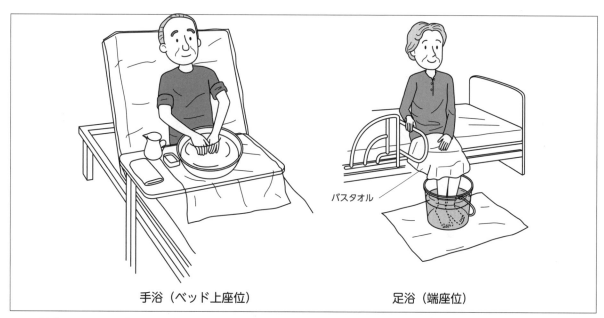

手浴（ベッド上座位）　　　　　　足浴（端座位）

図表5－2　手浴・足浴（出典：公益財団法人介護労働安定センター　介護職員初任者研修テキスト）

3－6　入浴環境の整備と用具の活用方法、支援方法

　利用者が安全に安楽に入浴できるよう、入浴環境の整備や福祉用具を活用し支援する方法などについてみていきましょう。

（1）入浴環境の整備

　利用者が入浴する場合、まず利用者へ入浴することを説明し同意を得たうえで、医療職と連携し健康状態を確認します。利用者の表情や顔色、体温や血圧など普段の様子と変化がないかを観察し、少しでも変化があるようであれば、無理をして入浴することは控え、シャワー浴や清拭、手浴・足浴など柔軟な対応をしましょう。

　お湯の温度は一般的に40℃前後が適温です。浴槽内の湯温はもちろん、シャワーの湯温の確認、床のぬめり等浴室環境に不安はないか、入浴時間が体の負担にならないかなどにも注意しましょう。

　入浴の際の着脱時や入浴介助の際は、利用者が羞恥心を感じないよう不必要な露出を避け、プライバシーに十分配慮しましょう。一方で、利用者の皮膚の状態を観察し、異常がみられた場合は医療職に報告します。入浴後は、脱水症とならないよう水分補給を促します。

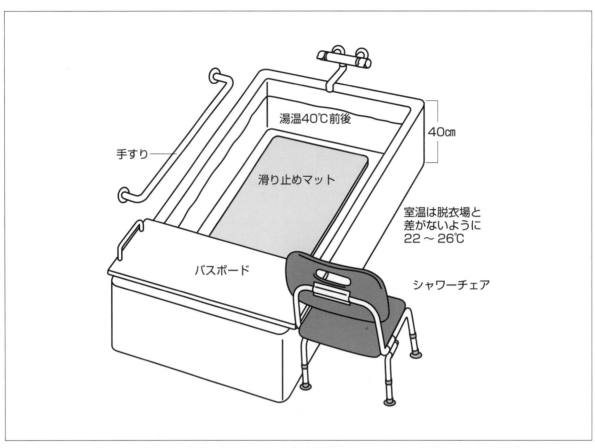

図表6－1　快適な入浴環境（出典：公益財団法人介護労働安定センター　介護職員初任者研修テキスト）

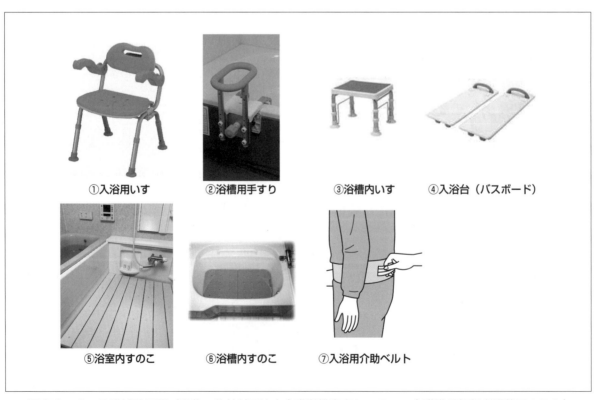

①入浴用いす　　②浴槽用手すり　　③浴槽内いす　　④入浴台（バスボード）

⑤浴室内すのこ　　⑥浴槽内すのこ　　⑦入浴用介助ベルト

図表6－2　入浴補助用具（出典：公益財団法人介護労働安定センター　介護職員初任者研修テキスト）

（2）入浴を補助する福祉用具

　浴室内にはやけどや転倒の危険性が潜んでいます。図表6－2にあるシャワーチェアやバスボード、滑り止めマットや手すりの設置など、在宅介護の場合、介護保険制度で利用できる福祉用具もあります。介護職は、適切な福祉用具を用いて、利用者が安全に入浴ができるよう支援します。

3－7　排泄に関する基礎知識

（1）排泄の意義

　排泄とは、尿、便、汗、痰など体内で不要となったものを体外へ排出することをいいます。排泄の介護では、主に排尿・排便を支援します。

　前述したマズローの「欲求階層説」によれば、排泄は生理的欲求であり、人間が生きていくうえで必要な行為であることが理解できます。また、人は何らかの理由で排泄の介助が必要となっても、できるだけ他者からの介助は受けたくないものです。

　介護職は、「排泄は最も他人に介入されたくない」行為であることを理解し、利用者のプライドや羞恥心など、プライバシーに配慮した介助を行うことが大切であるということを憶えておきましょう。

（2）排泄のメカニズム

①排尿：膀胱に尿が150ml～200ml溜まるとその情報が大脳へ伝えられ尿意を感じます。成人の1日の尿量は1,000ml～1,500mlです。排尿回数は個人差がありますが、1日に5～8回程度です。正常な尿の色は黄色から淡黄色で透明です。

②排便：食べ物は胃で消化された後、小腸に送られます。そこで栄養分や水分が吸収され、大腸へ送られます。さらに約90％の水分が吸収され、固形の便が作られます。S状結腸から直腸へ送られ便が溜まってくると、便意を感じ、肛門にある筋肉が反射的に緩み体外に排出されます。この時、意図的に肛門の筋肉を緩めて、更に腹圧をかけて排泄します。

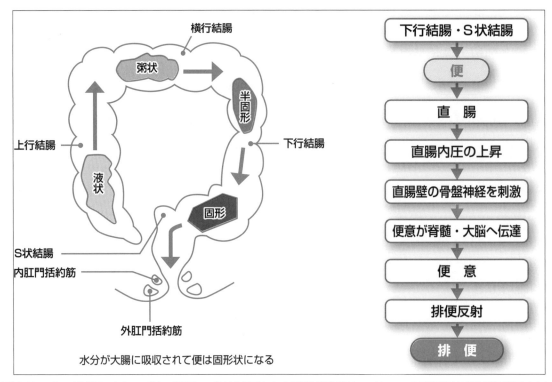

図表7−1　排便のメカニズム（出典：公益財団法人介護労働安定センター　介護職員初任者研修テキスト）

（3）排泄障害

　介護を必要とする利用者の中には、尿や便が自分の意思にかかわらず排泄されてしまうことがあります。これを失禁といいます。尿失禁や便失禁を引き起こす原因はさまざまです。利用者によっては、失禁した自分に対して情けない気持ちになったり、失禁が原因で閉じこもりがちになったりすることもあるため、自尊心を傷つけぬよう心理面への配慮が必要です。

　高齢者に多くみられる排泄障害には、排尿回数が正常よりも多い（正常は成人5〜8回／日）頻尿、尿が全くでない尿閉、便が腸内に停滞し排便が困難となる便秘、便の水分が多く形のない液状の便が排泄される下痢などがあげられます。

　また、利用者の状態によっては座っている、寝ている時間が長くなり、体圧が体の一部分に集中してしまい血流が悪くなって、皮膚がただれたり赤くなるなどの症状となる褥瘡のリスクが伴います。排泄の支援では、利用者の皮膚状態の観察や排泄に関わる体の部位周囲の清潔を保つ必要もあることを憶えておきましょう。

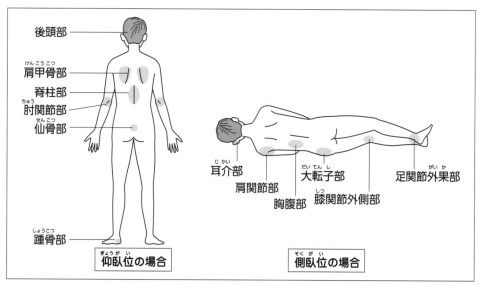

図表７－２　高齢者に褥瘡が発生しやすい部位（出典：介護福祉士養成講座　中央法規出版）

３－８　排泄環境の整備と用具の活用方法、支援方法

　利用者が安心して気持ちよく排泄できるよう、排泄環境の整備や福祉用具を活用し、自立を支援する方法についてみていきましょう。

（１）排泄動作とは

　排泄は、トイレに行って用を済ませて終わりという単純動作ではなく、さまざまな動作が合わさって一連の流れになっています。

　一つ一つの排泄動作を詳しくみてみましょう。

①尿意・便意を知覚する➡②畜尿（がまんする）する➡③トイレへ移動する

➡④下着を下ろす➡⑤座る位置を整える➡⑥排泄する➡⑦清拭などの後始末をする

➡⑧衣服を整える➡⑨トイレから出る➡⑩手を洗う

　トイレに行きたいと感じてから排泄を済ませ手を洗うところまででも、10の動作を経て排泄を行っていることがわかります。

　これらの動作の中で、尿意や便意を感じない場合や我慢ができないと失禁します。トイレへの移動や下着を下ろすことが難しい場合は、転倒する可能性があります。排泄することが難しいと便秘になる可能性があり、清拭などが難しいと尿路感染症になる可能性があります。介護職はこれらの中で一つでも難しい動作があれば、その部分を支援します。介助する方法はさまざまですが、本人ができる力を引き出す支援（自立支援）を念頭に置くことが大切です。

（2）排泄しやすい環境整備

利用者が安心して気持ちよく排泄できる環境を整えます。トイレは、換気や臭気に留意し清潔に保たれていることが望ましいでしょう。車いすを使用している利用者や移動に支援を必要とする人の場合、トイレのドアを引き戸や外開きにすること、トイレに手すりを設置したり段差を解消することなどが、安全を確保するために大切です。

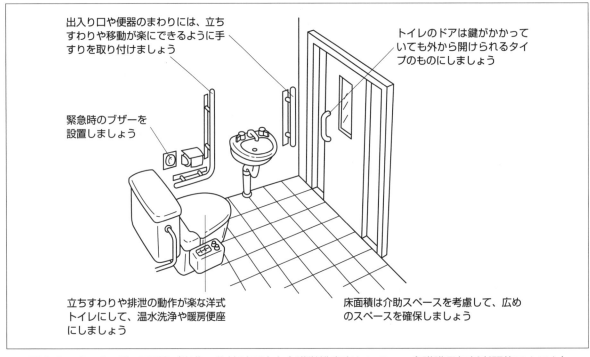

出入り口や便器のまわりには、立ちすわりや移動が楽にできるように手すりを取り付けましょう

緊急時のブザーを設置しましょう

トイレのドアは鍵がかかっていても外から開けられるタイプのものにしましょう

立ちすわりや排泄の動作が楽な洋式トイレにして、温水洗浄や暖房便座にしましょう

床面積は介助スペースを考慮して、広めのスペースを確保しましょう

図表8－1　トイレの環境（出典：公益財団法人介護労働安定センター　介護職員初任者研修テキスト）

また、トイレの便座の高さが高すぎると、腹圧がかからず排泄が難しくなり、低すぎると立ち上がりが困難となります。便座に座った時に、膝が90度程度で足底がしっかり床についている状態が望ましいでしょう。高すぎて足底が床にしっかりつかない場合、排泄の間だけ踏み台となるものを置くことも工夫できることです。

便座と大腿部との接点に負担がかかります

図表8－2　便座が高すぎる場合
（出典：公益財団法人介護労働安定センター
介護職員初任者研修テキスト）

（3）排泄を補助する福祉用具

　排泄動作を助ける福祉用具の種類はさまざまです。介護職は利用者の排泄動作の難しい部分を観察し、適切な福祉用具を用いて、利用者が安全で気持ちのよい排泄ができるよう支援します。

①ポータブルトイレ

　主に夜間、ベッドからトイレまでの移動が難しい場合や、トイレに間に合わず失禁してしまう場合、ベッドの近くにポータブルトイレを設置します。移動距離を縮めることで失禁することなく自身のペースで排泄することが可能となります。使用の際、プライバシーへの配慮や臭気が残らないように配慮します。

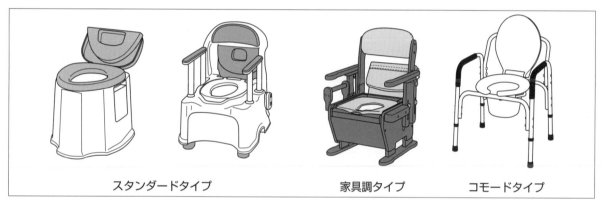

| スタンダードタイプ | 家具調タイプ | コモードタイプ |

図表8－2　ポータブルトイレの種類（出典：公益財団法人介護労働安定センター　介護職員初任者研修テキスト）

②尿器・便器

　体を起こすことができなくても尿意や便意がある人や、安静にしなければならない人の場合、ベッド上で使用できる尿器や便器を使います。その際、介護職は十分に利用者のプライバシーに配慮して支援します。

尿器（左：男性用　右：女性用）　　和式便器　　安楽便器

図表8－3　尿器の種類（出典：公益財団法人介護労働安定センター　介護職員初任者研修テキスト）

③尿取りパッド、おむつ

　尿失禁がある場合、尿取りパッド、パンツ型おむつ、テープ型おむつを使用して排泄を支援します。これらの失禁ケア用品を使用することで利用者に安心感が生まれる、パッドの種類により2～3回分の尿を吸収するため睡眠への影響が少なくて済むなどの効果があります。ただし、介護職として忘れてはいけないことは、おむつを使用することは最終手段の支援であるということです。失禁するからおむつにすればよいと安易に考えてしまうことで、利用者の生活意欲や活動性の低下を招く場合があります。また、発汗や入浴直後におむつをつけると、おむつ内が蒸れて皮膚がただれてしまう場合もあります。おむつ着用が常態化しないように夜間のみの使用にする、長期の使用を避けるなど、利用者の状況に応じた排泄の支援方法を定期的に見直すことが大切であることを理解しておきましょう。

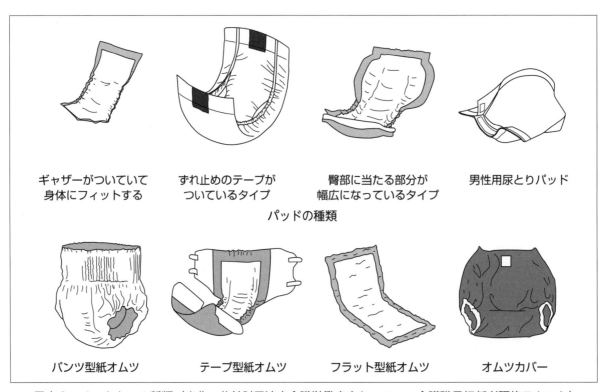

ギャザーがついていて　　ずれ止めのテープが　　臀部に当たる部分が　　男性用尿とりパッド
身体にフィットする　　　ついているタイプ　　　幅広になっているタイプ

パッドの種類

パンツ型紙オムツ　　　テープ型紙オムツ　　　フラット型紙オムツ　　　オムツカバー

図表8－4　おむつの種類（出典：公益財団法人介護労働安定センター　介護職員初任者研修テキスト）

3-9　整容に関する基礎知識、用具の活用方法、支援方法

（1）整容の意義

　身なりを整えることを整容といいます。自分の好きな洋服に着替える、顔を洗う、歯を磨く、髪をとく、お化粧や爪の手入れをする、ひげを剃るなどの行為も整容となります。同じような意味を持つ言葉に「身じたく」があります。私たちは、一日の始まりに身じたくを整え、外出するときにも身じたくを整えます。身じたくは、自分の空間・環境から他者のいる「外（よそ）」に向かう活動を開始する時に行う行動であり、それにより生活にメリハリをつけ、生活リズムを整える重要な日常生活行為です。

　また、身じたくを整える際にはその人の好みが反映されます。お気に入りの色やデザイン、その日の気分や気候に応じた衣服を選ぶことは、その人の自分らしさを表現し、生活意欲を高め、場合によっては社会参加を促します。

　介護施設で暮らす人は、施設内で自分の空間・環境と「外（よそ）」の境目がわかりにくかったり、その範囲が狭いため、身じたくを整える機会や意欲が減る場合があります。

　在宅でも、日常生活に変化がない場合、施設と同様に、身じたくを整える機会や意欲が減る場合があります。介護者は、整容、身じたくの大切さを理解し、利用者の無理のない範囲で利用者の意欲を引き出し支援する必要があります。

（2）具体的な整容の支援

①洗顔

　洗顔は洗面所で立って行うことが基本ですが、利用者の心身状況によって椅子を使用するなど支援方法を工夫します。洗面所での洗顔が難しい場合は温かいタオルを用意し、顔や首のうしろなどを清拭することで、清潔を保ち爽快感が得られます。

②口腔ケア（歯磨き）

　口腔ケアを行うことは、口腔内の清潔を保つだけではなく、感染症を予防する効果があります。また、誤嚥性肺炎の予防にもつながるなど全身の健康状態に影響を及ぼすため、口腔内の清潔を保つように適切な支援を行います。

　加齢に伴い歯を喪失した人の中には、人工的な義歯（入れ歯）を使用している人がいます。口腔内の環境を清潔に保つためには、義歯の手入れも欠かせません。義歯を装着することは、食事をするための咀嚼や嚥下機能を維持し、食べる楽しみを感じることへつながります。また、発声を明確にする働きがあり、人とのコミュニケーションを図るうえでも重要な役割をもっています。本人が義歯の手入れをすることが望ましいですが、利用者の状況に応じて介護職が支援します。

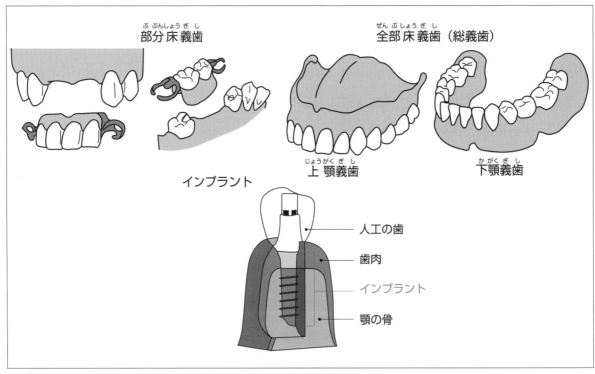

図表9-1　義歯の種類（出典：公益財団法人介護労働安定センター　介護職員初任者研修テキスト）

③衣服の着脱

　私たちには、TPO（時間、場所、場合）によって衣服を使い分ける文化や習慣があります。衣服で自己表現をすることは、生活の楽しみにもつながります。また、衣服には体温を調節し、皮膚の保護や清潔を保つ機能があります。利用者の好みに合わせて、着たいものを自分で選ぶことができるよう支援をしていきましょう。

　一般的に高齢者が使いやすい衣服の機能として、以下のようなものがあげられます。

　a　吸湿性・通気性・保温性のあるもの

　　　夏は通気性のよいもの、冬は保温性の高いものが望ましいでしょう。

　　　下着や寝間着は吸湿性があるもので、蒸れにくいものを選択します。

　b　肌触りのよいもの

　c　着脱が円滑に行える伸縮性のあるもの

　d　衣類の前後がわかりやすいもの

　e　ボタンが大きいもの。マジックテープを活用することも有効です

　f　サイズがやや大きめで袖口にゆとりのあるもの

　片麻痺がある利用者の衣類の着脱介助では、衣服を脱ぐときは健側から、着るときは患側から着替えるよう支援します。これを脱健着患といいます。

　からだにぴったりした衣服では、着脱の時に無理な力をからだにかけることになります。本人の好みの範囲内で、ゆったりしたサイズを検討しましょう。

　なお、着脱介助の際、寒さを感じないよう室温調整を行う、肌の露出を最小限にする、さり気なく皮膚の状態を観察し異常がないか確認するといったことなども意識しましょう。

④爪切り

　介護職が行うことができる爪切りの介助は、爪の周囲に皮膚の炎症や化膿がない健康な爪の人に対してのみに限られます。介護職は、入浴後など爪が柔らかい状態のときに爪切りの介助を行います。1度に切ろうとせずに少しずつ切ること、やすりを使用し皮膚を傷つけないようにすることなどが介助の際に気をつけることです。爪の色や形などを観察し異常がある場合は医療職へ相談しましょう。

〔脱ぐとき〕

① ボタンを外します。伸縮性のない服の場合は患側の肩の部分を少し下ろします。

〔着るとき〕

⑤ 患側の腕に袖を通します。

② 前えりを持って健側の肩を外し、肘を抜きます。

⑥ 肩の上まで引き上げます。

③ 健側の袖をすべて脱ぎます。

⑦ 健側に上着をたぐり寄せ袖に腕を通します。

④ 患側の腕を抜きます。

⑧ よじれや肩の位置を整え、ボタンを留めます。

図表9−2　片麻痺の人の前開き上着の交換（座位）
（出典：公益財団法人介護労働安定センター　介護職員初任者研修テキスト）

爪切りには、麻痺のある人でも使用できる自助具などもあります。

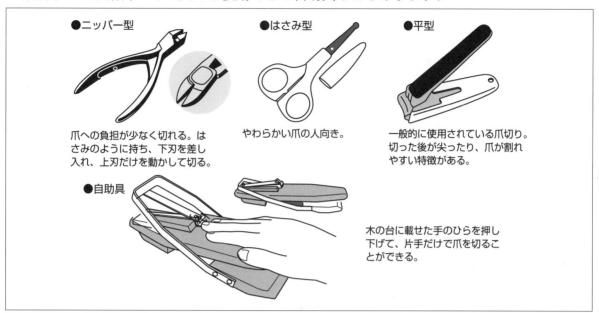

図表9-3　爪切りの種類（出典：公益財団法人介護労働安定センター　介護職員初任者研修テキスト）

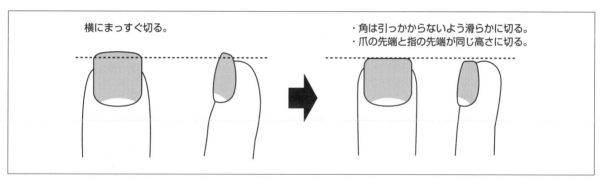

図表9-4　爪切りのポイント（出典：公益財団法人介護労働安定センター　介護職員初任者研修テキスト）

④整髪

　髪を整えることは、清潔を保つことや自分らしさを表現する大切な生活習慣の一つです。整髪の介助では、ブラシを使用し、利用者の好みに合ったその人らしい髪形に整える支援を行います。

⑤化粧

　化粧には、化粧水や乳液などを用いて肌の状態を良好に保つ基礎化粧と、口紅やファンデーションを使用したメーキャップがあります。化粧を支援する際、その人の要望をよく確認することが大切です。認知症などにより自身が使用していた化粧品が何かわからない場合などは、家族から情報を得ることもできるでしょう。利用者の意向を尊重し、その人に合った化粧をするよう支援しましょう。

３－10　家事援助の基礎知識とさまざまな生活支援

（１）家事とは

　家事とは、家庭生活を営むために必要なさまざまな作業のことを意味します。調理、洗濯、掃除などその活動は多岐にわたります。安定した日常生活は、衣食住を中心とした調理や洗濯、掃除などの家事が行き届いた環境があるからこそ成り立つ、といっても過言ではありません。家事は生活と密接につながっており、日常生活で欠かすことのできない行為です。

　家事は、各家庭により、その方法や使う道具等さまざまです。

　介護職が行う家事援助は、介護職の視点のみで行うのではなく、利用者の家庭や生活に目を向けて、可能な限りその人の生活習慣を尊重して、必要な援助を行うことが求められます。

（２）介護保険サービスの家事援助

　介護保険サービスには、介護職（訪問介護員といいます）が利用者の自宅に訪問する訪問介護サービスがあります（障害福祉サービスでは居宅介護といいます）。訪問介護サービスには、大きく分けて「身体介護」「生活援助」「通院等乗降介助」の３つがあります。

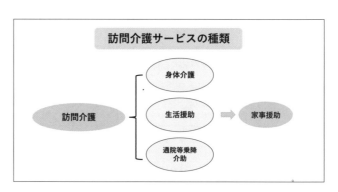

図表10－1　訪問介護サービスの種類

　このうちの一つである「生活援助」が、利用者の生活環境を整備したり、生活を整えるために支援する家事援助のサービスとなります。

（３）家事援助

①調理

　調理は、高齢者にとって必要な栄養素を効果的に摂取するために、咀嚼・嚥下機能や好みに合わせて行われます。食材の味を生かしながら、食材の切り方や好ましい食形態などに考慮しながら調理します。また、嚥下機能が低下している利用者には、一人ひとりに合った分量でトロミ剤を使用して水分を提供する場合があります。糖尿病や心疾患のある人の中には、

塩分や水分の摂取を制限する必要のある人がいるため、減塩を意識したメニューで調理します。利用者の心身状況を踏まえた調理や食事の提供が必要であることを憶えておきましょう。

また、食品の衛生管理も重要です。保存状態のよい食材等を選び使用するようにしましょう。食中毒予防のために賞味期限や消費期限をよく確認し、保存期間を過ぎたものは、利用者と一緒に確認してから破棄するといった対応をとりましょう。

②洗濯

現在、ほとんどの家庭で洗濯機を使用していますが、汚れの種類や素材により手洗いを行う場合もあります。家庭により使用する洗剤の種類、洗濯物を干す場所、干し方などが異なりますので、利用者の家事に対する生活習慣を確認しながら援助を行いましょう。利用者によっては、介護職と一緒であれば、洗濯を取り込む行為や畳む行為などができる人もいます。介護職がすべて行ってしまうのではなく、自立支援の視点を心がけ、利用者のできることを一緒に行うことも、大切な支援になります。

③掃除

介護保険サービスでは、利用者本位を基本的な考え方としているため、基本的には本人が使用する居住空間の掃除を行います。ただし、同居家族が障害や疾病、高齢や介護疲れ、仕事による不在などの理由により家事を行うことが困難で、利用者の日常生活に支障をきたす場合には、共有スペースの掃除も行うことがあります。

掃除は、換気した状態で掃除用具を用いて、掃き掃除、拭き掃除などを行います。掃除や整理の際は、利用者の思い入れのあるものなどをよく確認し、介護職の価値観でゴミの取捨選択をしないようにしましょう。ものの置き場所を確認し、掃除後や整理後は元どおりにすることも、本人が自立した生活を営むうえで大切です。また、家庭で使用されている延長コードや掃除機をつなぐコードなどは転倒の原因となる場合があるので注意してください。

④衣類の整理

衣類の整理においては、季節や本人の好み、着用する頻度に応じた収納を支援します。収

納の際は、利用者に確認しながら防虫剤や除湿剤等を使用します。必要に応じた衣類の整理の支援を心がけましょう。

⑤買い物

　必要な日用品を購入すること、買い物に至る過程を支援します。買い物自体が利用者の生活の楽しみの一つとなり外出するきっかけにもなるため、可能であれば利用者と介護職が一緒に買い物に行き、利用者の日常生活の範囲を広げる支援を行います。

　利用者に買い物を頼まれる場合、複数の介護職が買い物を分担する場合もあります。必ずレシートを保管し出納帳を活用するなど、金銭トラブルにならないように注意しましょう。

4　老化の理解

　介護の必要な人の多くは高齢者です。人は誰でも歳を取りますが、実際に歳を重ねると何ができて何ができなくなるのか、どのような気持ちになるのかといったことは、前もって体験できません。ここでは、一般的に人はどのように歳を取るのか、歳を取るとどうなるのかといったことを学びます。ここで得た知識を、高齢者を理解する際の助けにしましょう。

4−1　ライフサイクルと老化

　ライフサイクルとは、生まれてから死ぬまでの周期です。人は誰もが同じライフサイクルをたどりますが、それぞれの過程での経験等は異なります。ドイツの心理学者であるエリクソン（Ericson,E.H.　1902-1994）は、人間の一生を8つの段階に分け、人間は生涯発達しつづけ、それぞれの段階における課題と解決の可否が、その後の個人のパーソナリティや健康に影響を及ぼすと考えました。この8つの発達段階の老年期では「新しいこと」を覚えることが難しくなる、直近の出来事を思い出せないなどの精神機能や知的能力の低下がみられる場合がある一方、経験や知識に結びつけて判断する言語的理解能力は比較的高齢まで維持されるとされています。また、芸術的な分野における創造性などの能力は、高齢になっても発揮できるとされています。

　老年期に起こる課題として「加齢」「老化」があります。加齢とは年齢を重ねること、物理的な時間経過をいいます。これに対して、老化とは、加齢に伴って精神的・身体的機能が衰えることをいい、個人差があります。一般的に多くの人が「歳を取りたくない」＝「老いたくない」と願っているかもしれませんが、老化は誰にでもおこることなのです。また、単純に年齢で区切って老化の始まりや終わりを定義できるものでもありません。

　介護を必要とする高齢者には、老化により、こころとからだに影響がある人が多くいます。介護職は、人は「老化」するが同時に生涯発達しつづけているということを踏まえ、老化による心身の変化が利用者の日常生活にどのように影響を与えるのかを知っておく必要があり

43

ます。

図表1－1　乳児期～老年期（高齢期）

4－2　老化に伴う心身機能の変化と日常生活への影響

　日本人の要介護者等の介護が必要となった主な原因は、「認知症」が18.1％と最も多く、次いで、「脳血管疾患（脳卒中）」15.0％、「高齢による衰弱」13.8％、「骨折・転倒」13.0％となっています。このような要介護や要支援となる直接的な原因に結びつく背景と、高齢者の老化にはどのような関連があるのでしょうか。

　ここからは、老化に伴う心身機能の変化と、変化がもたらす日常生活への影響について、具体的に見ていきましょう。

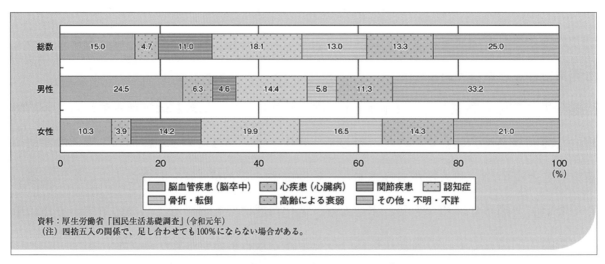

図表2－1　65歳以上の要介護者等の性別にみた介護が必要となった主な原因
（出典：内閣府　令和3年度版高齢社会白書（全体版））

（1）姿勢、歩行

　高齢者によくみられる姿勢に、円背があります。円背とは、背中が丸まってくる状態をさします。円背になると視線が下向きになって前方が見えにくい姿勢となり、足を引きずるような歩行が見られます。歩幅が狭く小刻みに歩くためつまずきやすく、転倒骨折の原因となります。

　円背の人は座っても背中が曲がるため、食べ物を食べようとすると首を伸ばした状態で食事をすることになり、誤嚥のリスクが高まります。円背の人の食事では、食器の配膳位置に注意を払い、場合によっては食べ物を手に持ち食事することも支援方法の一つになります。

（2）皮膚

　高齢になるにつれて体内の水分量が減少して皮膚が乾燥しやすくなります。その結果かゆみが生じやすく、皮膚が傷つきやすくなるため、保湿剤を塗り皮膚の潤いを保つように手入れすることが大切です。日常的な皮膚の老化の予防としては、直射日光に長時間当たらないようにすることや、食事の栄養バランスに配慮することなどがあげられます。

　また、老化により皮膚への外的な刺激に対する感覚機能が低下することがあります。暖房機能付き便座や電気毛布を長く使用していて、本人が気づかないうちに低温やけどを負っていたり、褥瘡を生じる場合などもあり、注意が必要です。

（3）筋肉

　加齢による筋肉を構成する筋繊維数の減少や、筋繊維の萎縮により、筋肉量は低下します。個人差はありますが、筋肉量は、20歳代のころと比べて70歳代では男女ともに約30%低下するといわれています。

　筋肉量が減り活動量が減ると、動かないことにより、さらに体力低下、筋肉量減少や筋力の低下が起こるといった悪循環に陥りやすくなります。日頃の活動量を意識しながら、負荷をかける運動を続けることを意識することが大切です。

（4）骨格

　骨は、常に古いものが破壊され新しいものがつくられています。加齢とともに骨をつくる働きが骨を破壊する速度に追いつかなくなり、徐々に骨量が減少していき、骨がもろくなります。これを骨粗鬆症（こつそそうしょう）といいます。骨粗鬆症は特に閉経後の女性に多くみられ、女性ホルモンの分泌量が減ることや、運動不足、喫煙、栄養不足などが関係しているといわれています。骨粗鬆症の予防として、ビタミンＤやカルシウム、タンパク質などの栄養摂取と適度な運動、日光浴を行うことなどがあげられます。

（5）関節

　骨と骨をつなぐ部分を関節といい、関節を曲げ伸ばしするための関節表面を軟骨といいます。老化により、軟骨が擦り減ったり変形することで痛みや腫れが生じます。高齢者では、膝や股関節に発症する場合が多くみられ、関節の動く範囲の低下や歩行困難が生じます。太ももの付け根の部分（大腿部）の筋力を鍛えたり、日頃からウォーキングを行う、肥満傾向にある人は体重を減らすことなどが大切です。

＜ワンポイント知識＞

　筋肉、関節、骨を総称して「運動器」といいます。加齢に伴い運動器の働きが低下することが、立ち座りや歩行などの動作に影響を及ぼし、介護を必要とする状態に至るリスクが高まります。そうなる前の状態について知っておくべき基本知識を紹介します。

●サルコペニア（筋肉量の減少）…筋肉量が減少していく老化現象のことです。握力・下肢筋・体幹筋など全身の筋力低下により、歩くスピードが遅くなる、杖や手すりが必要になるなど、身体機能の低下が起こることをいいます。

●ロコモティブシンドローム（運動器の障害）…運動器の障害によって移動機能の低下をきたした状態をいいます。（2007（平成19）年に日本整形外科学会により定義）

●フレイル（虚弱）…加齢により心身の活力が低下した状態をいいます。筋力低下などの身体的な変化だけでなく、気力の低下などの精神的な変化や社会的なものも含まれます。

（6）視覚

　加齢によりよく耳にするのが「老眼」です。老眼になると近くのものを見るための水晶体という部分の弾力が失われるため、焦点を調整する能力が低下し、近くの文字が読みづらいという症状がみられます。また、高齢者は、暗いトンネルを抜け明るい場所へ出るとまぶしくて風景が見えにくい、明るい場所から暗い場所へ行くと真っ暗で何も見えないといった、順応に要する時間が遅くなるといわれています。これにより、転倒や不安感からくる活動範囲の減少などが起きる可能性があるため、周囲の人の理解が必要です。

（7）聴覚

　加齢とともにみられる加齢性難聴があります。加齢性難聴は、特に高い音が聞き取りにくくなります。このような難聴のある人とのコミュニケーションでは、はっきりとゆっくり話しかけることを心がけましょう。その他の病気が原因で難聴となっている場合もあるため、聞こえにくい場合は専門医療機関を受診することも大切です。

（8）その他の知覚

　物理的刺激と知覚にずれが生じることを錯覚といい、高齢者の場合、視覚の錯覚（錯視）が起こりやすいといわれています。

　この他、複雑な情報源からすばやく必要な情報を取り出すことが難しくなる、課題が増えるにつれそれぞれの話題への注意が散漫になる、集中を長時間持続させる能力が低下するといったことがみられます。

（9）咀嚼、嚥下機能

　高齢者で多くみられるのが、食べ物を噛んで飲み込み胃に送り込む咀嚼、嚥下機能の低下です。咀嚼、嚥下機能の低下などで飲み込みがうまくいかず、口の中のさまざまな病原体がついた食べ物や唾液が気管に流れ込んで起こる病気が誤嚥性肺炎です。誤嚥すると苦しくてむせることがあります。気管に侵入した異物を出そうとしているために、むせるのです。で

すから、むせている人に対しては、口を開けてしっかりとむせることができるように支援しましょう。

　また、口腔周囲の筋力の低下や唾液分泌量の減少は、咀嚼、嚥下機能の低下に影響を及ぼします。歯周病などにより歯が抜け落ちて自分の歯が減ってしまうことも、咀嚼、嚥下機能に影響を及ぼします。歯の健康を保つことは、咀嚼、嚥下機能を維持するうえでとても重要です。日常的な口腔ケアや義歯の手入れ、定期的な歯科健診が必要です。

（10）喪失体験による精神的機能低下

　老年期になるとさまざまな喪失体験を経験します。喪失体験には、身体機能の低下による自信の喪失、配偶者や友人との別れなど人とのつながりの喪失、職業や地位などの社会的役割の喪失などがあります。

　喪失体験は、閉じこもりや抑うつ傾向となりやすいなど精神的機能に影響を及ぼすことが少なくありません。加齢に伴う精神的機能の低下により、からだの病気も発症しやすくなります。本人の心の苦痛を理解し、安易に励まさず尊重することや、必要に応じて専門医療機関への受診を促すことが大切です。

　この他に、普段行わないような運動や病気にかかった際に回復する力や新しい環境に順応していく力などが衰えていく、免疫機能が十分に発揮できないなど、加齢に伴いさまざまな老化の特徴がみられます。

第2章　介護における安全確保

1 介護の現場における典型的な事故や感染など、リスクに対する安全対策、起こってしまった場合の対応等に係る知識

2 介護職自身の健康管理、腰痛予防、手洗い・うがい、感染症対策等に係る知識

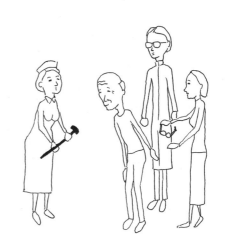

Ⅰ　介護の現場における典型的な事故や感染など、リスクに対する安全対策、起こってしまった場合の対応等に係る知識

> 日々の暮らしの中で行われる「介護」において、その安全確保はなにより大切です。介護の現場での安全確保のための知識を得ること、加えて実際にいくつかのリスク等について確認し、事故を防ぎましょう。

Ⅰ－Ⅰ　介護における安全の確保

　介護職は、利用者の近くでその人が自分らしく生きていくための生活を支援します。介護職は利用者のこれまで慣れ親しんできた生活習慣をできるだけ保ちながら、本人が居心地のよい場所だと心から思えるような場をつくります。そのような支援を行う介護職に対して、利用者は人間関係や信頼関係を少しずつ築いていきます。

　居心地のよい場所は、さまざまな要素が重なり合ってつくられます。その中の一つに「安全の確保」があります。「安全」を考えるときには、対義語である「危険」、介護においては特に事故による危険について考える必要があります。

　まず、一般的な事故について考えてみましょう。建設業、製造業における労働災害による事故では、例えば工場の機械に体の一部が巻き込まれて大けがを負う、建設現場で高所から落下してけがをするといったことがあげられます。このような事故の発生主体は労働者自身であり、事故の起こる場所は日常の生活の場ではありません。また、事故の原因は、労働者の安全ルールの徹底や安全予測などの教育によって、未然に防ぐことができます。

　これに対して、介護現場における事故はどうでしょう。利用者の日常生活を支援する場所で、利用者の行動が原因で事故が起こることがあるため、建築現場等の労災事故のように、危険をあらかじめ自覚するだけでは防ぐことが難しい点が、他産業との違いとなります。

私たちは、利用者の安全を守るためにさまざまな危険を予想、想像しますが、そこに危険があるという状態を「リスク」と呼びます。介護現場では、リスクを予見するだけでは防ぐことは不可能だと考えられています。なぜなら、リスクを防ぐためには人の生活を定型化、形式化することが必要となり、人の生活を定型化、形式化することは不可能だからです。その人らしさなどという考え方を度外視して生活を管理することは、誰にとっても幸せではありません。

　介護職は、チームで危険を予測し、事故の予防対策や事故が起こった時の対応、事故後に立てる事故対応策などを常に考え、利用者の安全を守ります。事故は起きるものと考え、その事故が利用者に及ぼす危険を最小限に抑えられるようチーム（組織）で予防策を検討し、安全の確保に努めることが大切です。

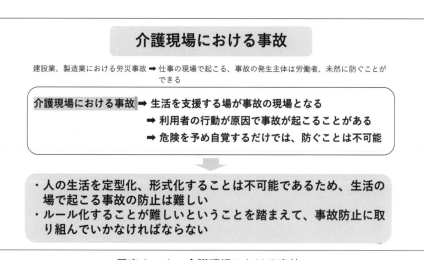

図表1-1　介護現場における事故

I-2　介護現場で起こりやすい事故と予防

（1）ヒヤリハットと事故

　介護現場で、事故になる前の段階でヒヤリとしたり、ハッとした事故の手前の状況を「ヒヤリハット」といいます。このヒヤリハット事例をしっかりと分析し、重大な事故につながらないように予見することが安全対策ではとても大切です。

　アメリカの損害保険会社の安全技師であったハ

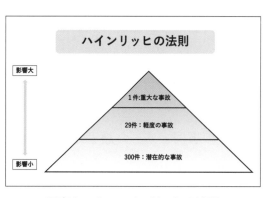

図表2-1　ハインリッヒの法則

インリッヒが発表した「ハインリッヒの法則」という法則があります。これは、1件の重傷を負うような重大な事故の背景には 29 件の軽傷を伴う事故があり、その背景には 300 件の「ヒヤリハット」が存在するという法則です。

事故に対しては、重大な事故につながる前の危険予知と予防策について知ることが重要なのです。

（2）事故発生時の対応

事故が発生した場合、介護職の対応として、まず利用者の状態を正確に把握し、適切な救命や医療機関との連携等を図ります。慌てることがないように、事前に事故発生時の手順マニュアルや緊急連絡先一覧を作成しておくことで、速やかに対応することができます。

（3）報告と情報共有

事故が発生した場合、利用者の状態や事故の発生状況、適切な対応等を家族やスタッフへ報告する必要があります。報告は口頭だけではなく、記録しておくことが重要です。「事故報告書」という各介護施設や事業所で作成している様式に詳細を記録します。記録は、基本ルールとして5W1H（いつ、どこで、だれが、どうして、何を、どのようにしたのか等）を意識しながら客観的に記述する、ということを憶えておきましょう。

事故報告は専門職の責務です。人のミスを責めるためのものではなく、利用者の安全対策と情報共有のための報告であることを理解しておきましょう。

（4）介護現場における事故事例

具体的に介護現場で想定される事故事例について、イラストとともに見ていきましょう。

事例1（図表2-2）は、利用者の転倒事故の事例です。介護者が、後ろ向きの状態の利用者に対して声をかけたことがきっかけで転倒に至っています。

図表2-2　事例1 利用者の事故
（出典：公益財団法人介護労働安定センター
イラストで見る介護事故事例集）

事例1（図表2-2）の背景には、介護職が「高齢者は通常と変わりなく見えても、足腰やバランス感覚は衰え、転倒しやすくなるという認識が不足していた。また、その可能性についての情報共有がなされていなかった。」などがあげられます。利用者は常に転倒のリスクがあることを意識することが大切です。

事例2（図表2-3）は、利用者が移動介助を受けている時に車いすから落ちた事故です。この事故は、利用者の様子と進行方向の状況に注意し、車いすのハンドグリップをしっかり持って、ゆっくり進んでいれば防げたかもしれません。

図表2-3　事例2 利用者の事故
（出典：公益財団法人介護労働安定センター
イラストで見る介護事故事例集）

外出した際、路面状況をよく確認しながら介助を行なうことも大切です。

事例3（図表2-4）は、紛失による事故事例です。事前に持ち物チェックシートを作成し、送迎時に確認するなど紛失しやすいものを把握しておけば防げたかもしれません。補聴器に限らず、義歯や眼鏡、アクセサリー、（昔撮影した）写真など、本人が大切にされているものを確認することは、このような事故の予

図表2-4　事例3 利用者の事故
（出典：公益財団法人介護労働安定センター
イラストで見る介護事故事例集）

防につながります。この他にも、食事介助中に危険を伴う誤嚥の事故や、他の利用者の薬を誤って飲んでしまう誤薬の事故など、介護現場ではさまざまな事故が起こる危険性があります。

事故の原因については多角的に分析することが大切です。

一つの事故につながる背景となる複数の要因をチームで考え、再発防止に向けた対応策を検討することが利用者の安全につながります。

Ⅰ－3　リスクマネジメントの重要性

「リスクマネジメント」とは、一般的には、想定されるリスク及びそのリスクが及ぼす影響を正確に把握し、事前に対策を講じることで危機発生を回避するとともに、危機発生時の損失を極力最小限に抑えるための経営管理手法の一つとされます。

介護現場におけるリスクマネジメントは、利用者の安全を脅かす状況をリスクとした場合、利用者への危険とその危険が及ぼす影響に対して事前に対策を講じて危険回避することである、といえるでしょう。

では介護現場のリスクマネジメントはどのように行われているのでしょうか。これは、先にもふれた組織でリスク管理を行うことや、個々の介護職が正確な知識や技術を習得すること、利用者や家族との日常的なコミュニケーションなどが重要な要素となるでしょう。

（1）利用者や家族とのコミュニケーション

介護職は利用者や家族と日常的にコミュニケーションを図り、信頼関係の構築に努めます。これは、利用者の望む生活を支援するうえで欠かすことのできない過程となります。日頃からコミュニケーションが図れているか否かは、リスクマネジメントにおいても重要な要素となります。

日常的なコミュニケーションを図り信頼関係が構築されている状況は、事故発生後の円満な解決を促進することにつながります。反対に、コミュニケーションが図られていない状況の中での事故発生では、利用者や家族が、介護事業所や施設に対して不信感を募らせる可能性が高くなります。介護現場は介護職が一方的に支援しているわけではなく、利用者や家族の理解や協力があってこそ具体的支援に結びつきます。日頃からのコミュニケーションが、安心、安全な生活支援につながり、リスクを回避することにつながることを憶えておきましょう。

（2）組織におけるリスクマネジメント

事故発生時、その状況を適切に迅速に組織や家族に報告することは、リスクマネジメントを考えるうえでとても重要です。介護現場における事故には、防ぐべき事故と防ぐことがで

きない事故があります。このうち、防ぐべき事故については、介護職個人が正しい知識や技術を習得することで防げる場合もあります。日頃から職場内外で得られる知識や技術を磨き、自己研鑽を重ねることは、結果的に事故リスクを抑える側面があることを憶えておきましょう。また、組織内で防ぐべき事故の予防対策を検討し、事故発生を最小限に抑える取り組みも重要です。まずは事故を区分し、定期的な委員会や記録を用いて組織間で情報を共有しながら、利用者の安全をチームで守る体制づくりをすることが大切なのです。

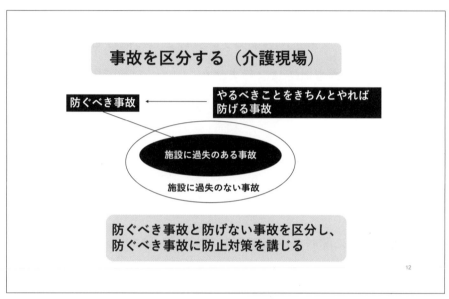

図表3-1 事故を区分する

2 介護職自身の健康管理、腰痛予防、手洗い・うがい、感染症対策等に係る知識

介護においては「安全・安楽」が基本です。介護される側はもちろんですが、介護職にとっても、その安全が脅かされてはなりません。また、介護職自身の心身が健康であってこそ、質の高い介護を提供することができます。介護職の健康管理について、しっかり学んでおきましょう。

2－1 介護する人の心身の健康

介護職は、利用者の生活に関わる専門職の中でも利用者にとって最も身近な存在といえます。

利用者にとって身近な存在であるがために、心身のバランスを保ちながら日々利用者と接し、支えながら職務を全うする難しさがあります。介護は、まず介護職自身が心身ともに健康であることが重要です。

利用者の生活支援には、移乗・移動介助、排泄介助、入浴介助、着脱介助など、身体介護の場面が多くあります。また、日々利用者と円滑にコミュニケーションを図る心構えや、利用者の異変に気がつき介護事故を予防するための観察力が求められます。介護職が身体的健康かつ精神的に健康であるか否かは、利用者の生活に大きな影響を与えるのです。

質の高い介護サービスを提供するためには、介護職自身の学ぶ姿勢や意欲の向上が必要となり、これらを維持するためには、介護職自身がゆとりを持ち日々の介護に打ち込めるような心身の状態であることが望まれます。

また、対人援助という介護の仕事には、自身の感情をコントロールすることを求められる

場面もあります。利用者や家族と関わる場面では、傾聴や受容、共感する姿勢で受け止めることが大切であり、場合によっては本来自分が思っている感情をコントロールすることが必要となります。介護職や医療職のような職業全般を「感情労働」といいます。この感情労働には、自分自身にストレス（負担）がかかっているということを知っておきましょう。

2－2　腰痛予防とボディメカニクス

　移動や排泄、入浴介助などの介護の場面において、介護職が前傾姿勢や中腰などの身体に無理な姿勢を続けると、腰痛を引き起こす危険性が高まります。特に介護職に起こりやすいのは腰痛です。自分では意識して気をつけているつもりでも、知らず知らずのうちに疲労が蓄積され、ちょっとした動作（持ち上げる介助、身体をひねった状態で介助するなど）で簡単に腰痛を招いてしまいます。また、腰痛を理由に介護の仕事が続けられなくなる場合もあることから、介護職にとって腰痛予防に努めることはとても重要です。

　腰痛予防のためには、ボディメカニクス（第1巻参照）の活用を習慣づけること、介護業務前・中・後にストレッチを行うことが効果的です。

（1）福祉用具の活用

　利用者の移乗介助や体の向きを変える体位変換の際、可能な限り利用者にも動いてもらうように声をかけながら介助することが大切です。立ち上がりや変えたい方向へ体の向きを動かし

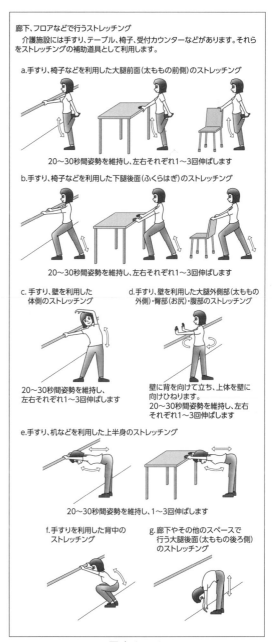

図表2－1
介護・看護作業等でのストレッチング
（出典：厚生労働省　職場における腰痛予防対策
指針及び解説）

てもらう動作など、少しでも利用者自身が動くことで双方の負担が軽減します。

　一方で、自身で立ち上がることや体の向きを変えることが難しい利用者もいます。そのような場合は福祉用具を活用するのもよいでしょう。下半身の踏ん張る力が弱く立ち上がりが難しい人にはスライディングボードを用いたり、スライディングシートを活用することは、本人のできる力を助けることになり、介護職の負担を軽減し腰痛を予防することにもつながります。移乗支援の場合も、すぐできるからと持ち上げる介助を重ねると、介護者が無理をしてしまい腰痛になる場合があります。準備などの手間は多少かかってもリフトを活用するなど、福祉用具を適切に活用することを心がけるとよいでしょう。（図表2－2）

　利用者、介護職双方が安心できる安全な方法を常に考え選択することが大切です。

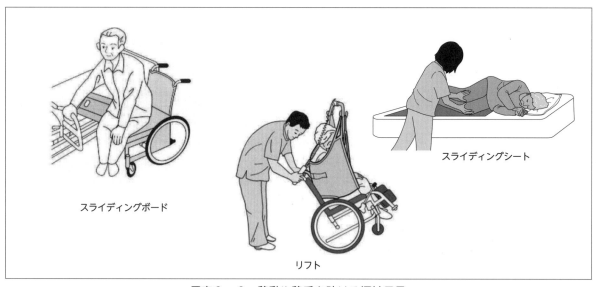

スライディングボード

リフト

スライディングシート

図表2－2　移動や移乗を助ける福祉用具

（出典:左イラスト　石川県リハビリテーションセンター「生活環境づくり　移乗用具の選定」／中央イラスト（公財）テクノエイド協会「福祉用具シリーズ vol.4」／右イラスト（公財）テクノエイド協会「福祉用具シリーズ vol.26」

2－3　感染症対策

　国立感染症研究所によれば、新型コロナウイルス感染症（COVID-19）の感染者が日本国内で初めて確認されたのは、2020（令和2）年1月15日のことです。以降、世界的なこの感染症の流行とともに、感染症対策が世代を問わず日常生活の中に一気に入ってきました。

　介護現場では以前から感染症予防に努めることを徹底していましたが、各介護施設や事業所では、新型コロナウイルス感染症（COVID-19）の流行初期から現在に至るまで、並々ならぬ緊張感をもって感染症拡大防止に努めてきました。介護を必要とする利用者の多くは、

若年者と比較して抵抗力が弱いとされる高齢者や疾患を持った人です。効果的な治療薬が見つからない状況で、高齢者や疾患のある人などは、一度感染症に罹患すると回復までに時間がかかるだけではなく、命の危険にさらされる場合もあるため、徹底した感染症対策は必要なことでした。

　感染症は新型コロナウイルス感染症（COVID-19）だけではありません。さまざまな感染症の感染リスクから利用者や介護職自身の感染を予防するための基本的な対策を確認しておきましょう。

（1）手洗い・うがいの励行

　標準予防策として最も基本的な感染症予防策は、手洗い・うがいです。感染が疑われる状況か否かに限らず、普段から手洗い・うがいを実施することは感染予防に効果があります。

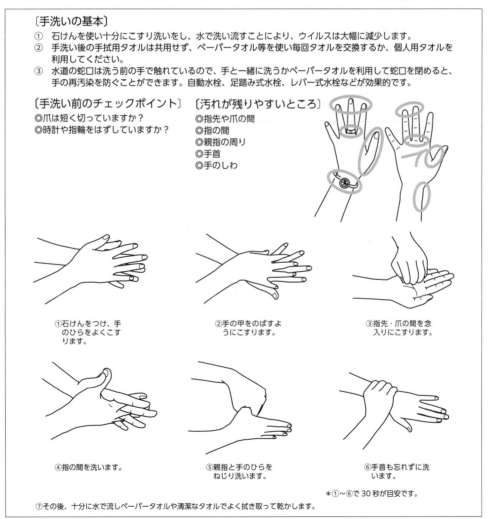

図表3－1　基本的な手洗いの方法

（出典：東京都福祉保健局　社会福祉施設等におけるノロウイルス対応標準マニュアルダイジェスト版）

私たちは「手や指、爪の間は汚れや菌が溜まる場所」という意識を持つことが大切です。また、手洗いをした後で手指消毒をすることも感染予防には効果があります。

　うがいは、水でもよいですが、うがい薬を薄めたものを使うとより効果があります。最初はブクブクうがいで口の中の食べ残しなどを取り除きます。その後に新しい水を含み、上を向いて喉の奥までガラガラうがいをして吐き出します。このガラガラうがいを 2 ～ 3 回繰り返します。

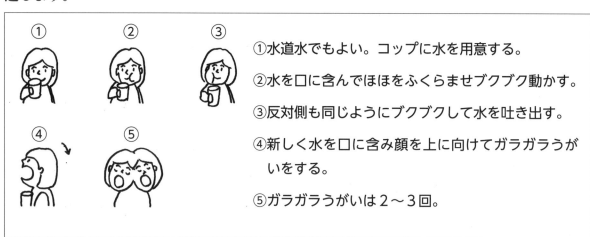

①水道水でもよい。コップに水を用意する。

②水を口に含んでほほをふくらませブクブク動かす。

③反対側も同じようにブクブクして水を吐き出す。

④新しく水を口に含み顔を上に向けてガラガラうがいをする。

⑤ガラガラうがいは 2 ～ 3 回。

図表 3 － 2　うがいのやり方

（2）マスクと使い捨て手袋の着用

　介護現場で感染予防を目的とした使用頻度が高い備品は、マスクと使い捨て手袋です。マスクは、自分が咳をしている場合や、利用者の血液や体液が飛び散る可能性がある場合に着用します。使い捨て手袋は、排泄介助や口腔ケア、自分の手指に傷がある場合などに着用します。

イラスト提供　サラヤ

図表 3 － 3　使い捨て手袋とマスクの着脱

第 2 巻　テキストのまとめ・キーワード

① 「人間を捉える」視点とは、その人の病気や障害、精神や心理面のみに目を向ける視点ではなく、その人を形成する社会、文化（習慣）といった要素にも目を向けて、どこに課題を抱えどのように支援していけばよいのかを観察する視点です。(p.7)

② 移動・移乗の介護をはじめとした生活支援技術では、利用者の難しいとする動作を全て介助するわけではなく、ご自身が持っている力（現有能力）を引き出し、できない部分を介助します。利用者のやってみようという意欲を引き出すことが自立を支援する重要な要素となります。(p.14)

③ 介護職は、利用者の誤嚥のリスクを念頭に置きながら、可能な限り口から食べることを続けられるよう、環境を整えながら利用者の食事の介助を行います。(p.20)

④ 入浴は、利用者の身体を清潔に保ち健康な生活を送るための重要な日常生活の行為です。その一方で、ヒートショックや転倒による骨折など、安全への十分な配慮が必要となります。(p.26)

⑤ 介護職は、「排泄は最も他人に介入されたくない」行為であることを理解し、利用者のプライドや羞恥心など、プライバシーに配慮した介助を行うことが大切です。(p.29)

⑥ 口腔ケアを行うことは、口腔内の清潔を保つだけではなく、誤嚥性肺炎の予防にもつながるなど全身の健康状態に影響を及ぼすため、口腔内の清潔を保つように適切な支援を行います。(p.36)

⑦ 介護職は、チームで危険を予想し、事故の予防対策や事故が起こった時の対応、事故後に立てる事故対応策などを常に考え、利用者の安全を守ります。(p.51)

⑧ 介護職自身の健康管理のために、腰痛予防のためには、ボディメカニクスの活用を習慣づけることや介護業務前・中・後にストレッチを行うことが効果的です。(p.57)

索引ワード　第2巻

【参考文献　第2巻】

① 「介護職員初任者研修テキスト　第4分冊　技術と実践」
　 公益財団法人介護労働安定センター

② 「最新　介護福祉士養成講座1　人間の理解　第2版」介護福祉士養成講座編集委員会編
　 中央法規出版株式会社

③ 「最新　介護福祉士養成講座6　生活支援技術Ⅰ　第2版」介護福祉士養成講座編集委員会編
　 中央法規出版株式会社

④ 「最新　介護福祉士養成講座7　生活支援技術Ⅱ　第2版」介護福祉士養成講座編集委員会編
　 中央法規出版株式会社

⑤ 「事例に学ぶ介護リスクマネジメント　事故・トラブル・クレーム対応60のポイント」
　 著　山田滋
　 中央法規出版株式会社

〈執筆者〉

久保　吉丸　東京未来大学福祉保育専門学校　介護福祉科　教員
　　　　　　介護福祉士・社会福祉士

〈監修者〉

浦尾　和江　田園調布学園大学　人間福祉学部　教授
　　　　　　介護福祉士・社会福祉士・精神保健福祉士・介護支援専門員・認知症ケア専門士

〈一部イラスト〉

大橋　晃一郎

入門的研修テキスト　第2巻
基本的な介護の方法
介護における安全確保

発行日　令和6年3月　初版発行
定　価　1,100円（本体価格 1,000円＋税）

発　行　公益財団法人　介護労働安定センター
　　　　〒116-0002　東京都荒川区荒川7-50-9　センターまちや5階
　　　　TEL　03-5901-3090　　FAX　03-5901-3042
　　　　https://www.kaigo-center.or.jp/

ISBN978-4-907035-61-7　C3036　¥1000E

42402